松本 茂／河野哲也

大学生のための
「読む・書く・プレゼン・ディベート」
の方法

改訂第二版

玉川大学出版部

はじめに

　本書は、おもに大学1年生のための基礎ゼミナールのテキストとして執筆されたものであるが、大学3～4年生のゼミナールの副読本、レポートが要である通信教育課程に在籍する学生のための参考書、企業内研修の参考書としても利用できるよう配慮した。

　企業は大学卒業生に「即戦力」を求めているといわれる。しかし、その「即戦力」とは、業務内容や専門知識があるということだけではなく、情報を収集・整理し、レポートを作成し、議論を重ねながら、問題の解決に当たったり、企画を練り上げたりといった知的生産をグループで遂行していくための基本的な能力を身につけているかどうか、ということも意味する。

　知的な生産をおこなうための基本姿勢は、硬直的な表現の型や一定の学習スキルやマニュアル的行動をトレーニングすれば身につけられるというものではない。本書の書名にある「読む・書く・プレゼン・ディベート」はコミュニケーションの四つの側面を示しているが、これらのコミュニケーション行為は、大学生・社会人として知的生活を営むうえで避けられないものである。また、これらのコミュニケーション行為が評価の対象になることも珍しくない。

　さて、本書のテーマはこれだけ重要なだけに類書も多い。にもかかわらず、われわれがあえて本書を世に出すことにしたのは、これまでの類書の多くがマニュアル本の域を脱しておらず、「人を説得する術(すべ)を身につけるためにプレゼンテーションを学ぶ」「相手を論破するためにディベートを学ぶ」といったコミュニケーションの本質からはずれたとらえかたに基づいており、単なるスキルを身につけることをねらいとした本であったからである。

　読むこと、書くこと、プレゼンテーションをすること、ディ

ベートをすることのすべては、コミュニケーションのうちでも特に重要な「他者との協働的関係作り」のための行為としてとらえることができる。人間らしく豊かな知的活動をしていくためには、この「他の人たちとの関わり合い」に積極的になることが肝要であり、他者と関わり合うことによって質の高い学びが生じるように自らがまず積極的になることが大切である。

　本書が最終的に目指しているのは、他者と向かい合い、刺激し合い、思考を深め、創造していくというコミュニケーションの本質を学んでもらうことである。型にはまった表現や表面的なスキルを身につけることは、本書の意図するところとは逆である。この主旨にのっとって、本書では個人のための課題だけでなく、グループでおこなうことを想定した課題を各章に数多く設定してある。これらの課題に積極的に取り組んで、他者とのコミュニケーションを実践し、学びの質を高めてもらいたい。個人で本書を読む場合にも、個人用課題はもちろんのこと、グループ用課題も自習課題として利用していただければ幸いである。

　なお、読む・書く・プレゼンテーションをする・ディベートをするということは、相手を尊重するからこそおこなう行為であり、倫理的な面への配慮は十二分にしなければならない。よって、本書ではその点の解説にも力を入れたことをご理解いただきたい。

　このたび、2007年に刊行した初版を改訂し、第二版とすることになった。全体を見直し、おもに文献の収集方法や文書執筆における倫理的な問題など、8年間で変化した状況に関して加筆修正した。そしてさらに、アクティブ・ラーニングを重視

した授業・講座でも活用できるよう配慮した。
　読者には以上のような意図をくんでいただき、本書を有効に活用していただければ望外の喜びである。
　最後に、初版に引き続き本書の執筆にあたり有益な助言をくださった玉川大学出版部編集長の森貴志氏にこの場を借りて感謝申し上げる。

2015年3月
松本　茂
河野哲也

目次

はじめに　iii

第1章　テキストの読解と要約の方法　003

1　「読む」とはどういうことか　004
テキストが読めない／読書の種類

2　学術的な読書をする　007
文献の収集──データベースの利用／文献を速読する／
立論の三要素──主張・根拠（理由と証拠）／主張の種類／論証の分析

3　要約をする　014
テキストの要約の作りかた／批判的読解の方法／
正しい論証──演繹と推測／隠れた根拠／逆・裏・対偶／批判と反論

4　テキスト分析の具体例　023
テキスト分析の手順

第2章　レポート・論文を書く方法　035

1　レポート・論文とは何か　036
コミュニケーションとしてのレポート・論文／レポート・論文の構成／
構成の順序／分量

2　レポート・論文を書く準備　045
論文を書くときの一般的注意／レポート・論文作成の流れ

3　レポート・論文をまとめる　052
問題をどう設定するか／本論の構成法／アウトラインの作成／
査読と修正、提出

4　注、引用・参考文献表の書きかた　063
注とは何か／補足注のつけかた／引用のしかた／出典注のつけかた／
参考文献表の書きかた／表記の実例

第3章　プレゼンテーションの方法　073

1　プレゼンテーションとは何か　074
プレゼンテーションとは／あがるのがイヤ？／
コミュニケーションとしてのプレゼン／話し手の役割／プレゼンの目的

2　プレゼンテーションの内容を考える　079
ブレインストーミング／聞き手と時間／リサーチ／再検討／構成

3　プレゼンテーションをする　093
視聴覚補助機器／配付資料／グループプレゼンテーションの留意点／
原稿執筆／話しかたや非言語・準言語要素／直前準備

4　プレゼンテーションを聞く　104
聞き手の役割／質疑応答／評価／チェックリスト／パブリック=公ということ

第4章　ディベートの方法 109

1　ディベートとは何か 110
授業中に議論したことがある？／ディベートとは

2　ディベートのしかた 113
何についてディベートするの？／ディベートはこうやっておこなう／ディベート教育で特に強調しておきたいこと／どうやって分析するのか

3　ディベートをする 120
ミニ・ディベートを体験してみよう／立論を作成してみよう／どうやって主張を強めるか／どうやって議論を深めるか／判定を下してコメントをする／ノートのとりかた／ディベートをしてみよう／参考

大学生のための
「読む・書く・プレゼン・ディベート」
の方法

第1章

テキストの読解と要約の方法

テキストの集めかた、読みかた、速読のしかた、
分析のしかた、批判的読解のしかた、要約のしかたについて説明する。
ここで指定する順序に従って、テーマに即して文献を集め、
目を通して、特に重要な文献については分析し、
批判的に読み解く方法を実行することで、
レポート・論文を書くためのステップとすることができる。

1 「読む」とはどういうことか

テキストが読めない

　大学では、中等教育（中学・高校）までとは比較にならないほど多くの読書が求められる。人文・社会科学系の科目はもちろん、自然科学系であっても基礎科目や教養科目では、たくさんの参考文献が指定される。高校の授業までは学校指定の薄い教科書だけを読めば済んだのだが、大学の講義では、テーマに沿って自分で読むべき書籍や論文を検索し、それらをきちんと読解する必要がある。

　テーマとは、研究や調査の対象になる領域や範囲のことをいう。たとえば、「夏目漱石の文学」とか、「企業の社会的責任」とかいった講義のタイトルになるようなものをいう。このテーマについて、大学の講義では多くの参考文献を読むように求められる。

　大学ではペーパー試験に代えて、「○○という参考文献を読んで議論しなさい」とか「○○という本を要約し、それについて自分の考えを述べなさい」といったかたちのレポートを課されることが多い。いや最近では、高校や中学でさえも、レポートを中間期末考査の課題にしているところが徐々に増えている。

　しかしながら、指定された文献（以後、講義などで指定された文献を「テキスト」と呼ぶことにする）を自分で読み解き、それについて自分で議論（argumentation）を展開しなければならないといわれても、そうしたレポートを書いたことのない学生は、上のような漠然とした設問に面食らい、どうしたらよいか途方に暮れるのではないだろうか。

　大学のレポートで求められているのは、初等中等教育でしきりに推奨される読書感想文ではない。大学のレポートで求められる「議論」とは、単なる感想や印象の報告ではなく、真理を探求し、善悪を判断し、他者と関係性を構築し、人間を行動へと向かわせる言語的なコミュニケーションのことである。

　「テキストを読解せよ」とか、「テキストについて意見を述べよ」とかいわれるが、そもそもどのように自分の考えをもち、表現すればよいのか。本を読んでもなんとなく納得してしまい、それ以上の意見も感想も

浮かんでこない。もしあなたがそう感じたとすれば、それは本の読みかたに問題があるのだ。読書には、読むことを楽しみ人生を豊かにするための読書と、学術的に真理や善悪を探求するための読書がある。多くの学生は後者のしかたを学んでいないので、レポート課題に答えられないのである。

　以下では、レポート・論文作成の前段階として、テーマに関連するテキストをどのように読み解けばよいのか説明しよう。

読書の種類

　あなたは何種類の読書のしかたを知っているだろうか。

　読書といえば、図書を購入し、本の流れに従って端から端まで読むやりかたしか知らないとすれば、大学での読書としては足りない。少なくとも、以下の3種類の読書のしかたができなければ、大学の講義に追いつき、試験やレポートにうまく応じることはできないだろう（アドラーとドーレン 1997 参考）。

① 鑑賞（鑑賞的読書）
② 速読（通覧的速読）
③ 批判的読解

　①の鑑賞（鑑賞的読書）とは、特に緊急の目的なく、楽しみとして本を読むことである。「楽しみ」といっても娯楽的な雑誌や本を読むことだけに限らず、文学のなかに人生の教訓や生きるヒントを探したり、哲学書や歴史書のなかに深い思想を求めたりすることも含まれる。

　しかし内容がどのように高度であろうと、これらの読書は研究調査のためのものではない。鑑賞は人生を豊かにするが、そうした読みかたばかりをしていては大学や実社会ではレポートは書けない。研究調査という勉強ないし仕事をおこなうには、鑑賞以外に、速読（通覧的速読）、および批判的読解の方法を身につけなければならない。

　②の「通覧的速読」（以下、「速読」）とは、あるテーマに関して、重要な著書や論文、その他の資料に、文字どおり、ざっと目を通して通覧することである。ひとつのテーマに関わる必要な情報を集め、偏りなく多様な意

見を知るには、たくさんの文献を読む必要がある。そのための速読であり、それは単に速く読むというよりも系統的な拾い読みのことである。速読ではくわしく内容を把握する必要はない。むしろそうしてはならない。ひとつの著作に時間をかけずに概要だけを把握し、多くの著作に目を通して、そのテーマについての研究の地図や目録のようなものを作ることを目的とする。

③の批判的読解とは、ある文献について、そこに含まれる立論が正しいかどうかを検討しながら読み解くことである。研究調査にとって、文献の批判的読解は必要不可欠とされる。というのも、ある文献を正しいかどうか検討する過程そのものがレポートや論文のテーマを与えてくれるし、自分の主張を形成するときにも、文献との比較で自分の立場を明確にすることができるからである。

ただし、批判的読解には次の注意が必要である。

第一に、批判的読解は論説文に含まれる主張について、それが真か偽か、妥当か否か、正しいか誤っているか、有効かどうか、について検討するものであり、文学作品などを鑑賞する場合には不向きの読書態度である。詩やフィクションを「真か偽か」などと検討することは的外れである。

第二に、批判は反論ではない。反論とはある立論に対立する(矛盾する)別の立論を述べることであり、批判はそれとは異なる。批判とは、ある立論についてそれが本当に正しいかどうかを検討することである。

第三に、批判的読解の結果、その主張が正しいと確証されることもある。批判は否定することではなく、同意に至ることもある。

以上の三つの読書法の違いをしっかりと理解しておこう。

次に学術的な読書の流れ、すなわち、必要な文献を収集し、速読してから、批判的読解をする具体的な手順と方法について説明する。

2　学術的な読書をする

文献の収集──データベースの利用

　文献を収集するのに最も簡単で有効な方法は、まずデータベースを利用することである。データベースにアクセスすることで、パソコンの画面から、簡単な操作で必要な文献情報を集めることができる。データベースには大学の図書館を通してアクセスできるが、一定の料金を払うことで個人として利用することもできる。

　データベースには、レファレンス・データベースとファクト・データベースの2種類がある。レファレンス・データベースとは、文献・記事の書誌事項(タイトル・著者名・出版社名・出版年・目次などの目録的な情報)や抄録(内容の簡略な紹介)についての情報一覧である。ファクト・データベースとは、文献・記事の全文(フルテキスト)、統計数値データなどの文献・記事の内容そのものについての情報である。

　文献を収集するにあたって利用すべきなのは、レファレンス・データベースである。ここでは、大学図書館からアクセスできる代表的なデータベースを紹介しておく。

-図書・雑誌を探す
- CiNii Books　http://ci.nii.ac.jp/books/
　国立情報学研究所(NII)が提供するシステム。全国の大学図書館が所蔵する図書・雑誌を検索できる目録データベース
- Webcat Plus　http://webcatplus.nii.ac.jp/
　国立情報学研究所(NII)が提供する情報サービスで、全国の大学図書館や国立国会図書館に所蔵された図書に関するさまざまな情報を検索できるデータベース。「連想検索」と「一致検索」の検索方法がある
- FirstSearch　https://firstsearch.oclc.org/
　アメリカのOCLC(Online Computer Library Center, Inc.)が提供する、おもに英文誌のデータベース

-論文(雑誌記事)を探す
- CiNii Articles　http://ci.nii.ac.jp/
　国立情報学研究所(NII)が提供する学術研究に関する検索システムで、論文情報の検索ができる

- Google Scholar　http://scholar.google.co.jp/schhp?hl=ja
  Googleが提供する学術関係の検索サイト。学術出版、専門学会、大学や研究所の学術資料を検索することができる
- JAIRO　http://jairo.nii.ac.jp/
  日本の学術機関リポジトリに蓄積された学術情報（学術雑誌論文、学位論文、研究紀要、研究報告書など）を横断的に検索できるサービス
- MAGAZINEPLUS　http://www.nichigai.co.jp/database/mag-plus.html
  週刊誌・月刊誌、学術雑誌や経済誌、海外企業誌など国内外のさまざまなジャンルの雑誌を対象とした記事ファイル

-新聞記事を探す
- 聞蔵IIビジュアル（朝日新聞）
- ヨミダス歴史館（読売新聞）
- 日経テレコン21（日本経済新聞）

ほか、各新聞社のオンラインデータベース

-その他
- KAKEN　https://kaken.nii.ac.jp/
  科学研究費助成事業（文部科学省および日本学術振興会が交付）によりおこなわれた研究に関するデータベース。採択課題、研究実績報告、研究成果概要などの研究情報について検索できる

また、事典・辞書、企業関連情報などもインターネット上で検索できる。

1. これらのデータベースに、キーワードを入力して検索する。検索のしかたは、各データベースの利用案内を見よう
2. レファレンス・データベースを検索したら、書誌情報（タイトル、著者名、雑誌名、巻・号数、発行年月、ページ数、図書館の整理番号）のメモを忘れずにとり、オリジナル文献（現物）を図書館などで見る
3. 自分の所属する大学の図書館にその文献がない場合でも、他大学の図書館に直接行って利用することや、コピーを取り寄せることができる。くわしくは大学図書館のレファレンス・カウンターに聞くとよい

課題1
ひとつのテーマについて、最近3年以内の重要な著作3冊と学術論文5本をオンライン検索して、図書館で現物を見つけよう。

文献を速読する

　上記のような方法で文献を見つけたら、それらを通覧的に速読（サーヴェイ）してみよう。もちろん、速読用の本はいちいち購入する必要はなく、図書館を利用してもよい。

　以下のような手順でおこなうとよいだろう。

1. テーマに関係する文献をデータベースで検索し、重要と思われる文献をリストアップする
2. それらの文献の、タイトル、目次、序論や結論、解説など、重要な部分だけに目を通して概要を把握する
3. 気になる部分や重要と思われる章には軽く目を通しておき、レポートや論文の資料として使えそうかを判断する
4. 内容の要点を数行でノートにまとめ、「文献速読ノート」を作る。そのときに、文献の重要性についても簡単に評価しておくとよい。たとえば、「必読文献」「部分的に重要（特に3章が）」「全体に目を通すだけで十分」「データとして使える」「これ以上は読む必要がない」などといったように
5. 特に重要な文献は、借り出したり、必要部分をコピーしたりする
   （コピーする場合は著作権などに注意すること）

課題2
- 課題1で探した文献を速読して、「文献速読ノート」を作ろう。2～3時間でできるだろうか。
- 3～4人のグループを作り、ひとつのテーマについて手分けして文献に当たり、それぞれが作った「文献速読ノート」を見せ合おう。そして、そのテーマについて研究調査するのに、どの文献をくわしく読む価値があるか、話し合ってみよう。

立論の三要素──主張・根拠（理由と証拠）

　以上の手順できちんと読むべき文献が探し出せたら、それらを精確に読解する段階である。先に述べたように、批判的読解とは、ある論文の立論が正しいかどうかを検討しながら読むことである。

それでは、「立論」とは何だろうか。立論とは根拠のある主張のことである。つまり、「なぜ」という問いに答えている主張のことである。逆に、根拠から主張を導くことを「論証」または「導出」と呼ぶ。根拠には二つのものが含まれている。すなわち、主張の理由(reason)と、その理由を立証するデータとしての証拠(evidence)である。

たとえば、「捕鯨は全面禁止すべきである」という文章は主張であっても、これだけでは立論とはいえない。根拠が示されていないからである。それに対して、「捕鯨は全面禁止すべきである（主張）。〔→なぜですか〕なぜなら、クジラは絶滅の危機にあり、保護すべきだからだ（理由）。これがクジラの減少を示しているデータだ（証拠）」は立論と呼ぶことができる。根拠から主張が論証されているからである。

あるいは、「タバコは全面的に法で禁止すべきである（主張）。〔→なぜですか〕なぜなら、タバコは肺がんや心筋梗塞などを引き起こす原因となり、人々の健康を害するものは法的に規制する必要があるからだ（理由）。これがタバコの有害性を示すデータである（証拠）」も立論である。

主張を裏づけるための証拠には以下の3種類がある。

① 実証的データ
　実験、観察、社会調査（アンケート法、インタビュー法、心理テスト、観察法）、質的研究などの科学的方法によって収集されたデータや事例報告
② 引証
　専門家の著作や論文からの引用や証言。信頼できる組織・機関が発表した意見
③ 常識
　いわゆる常識や社会的通念、多くの人が同意していると思われる主張

学術的な証拠としては、①や②が望ましく、③はやや証拠能力が弱い。②についても古いものや異説のあるものは、再検討の余地があるかもしれない。ある分野の専門家がまったく関係のない他の分野で発言していることがあるが、知的な慎みに欠けた態度であり、信頼しないほうがよい。また、個人的な経験や体験、あるいは風聞は一般化するにはあまりに根拠が弱い場合が多い。ひとつの事例以上に考えるべきではないだろ

う。しかし事例であっても、一定の方式で詳述され、複数の人間によって記録された質的研究は信用できる記録である。

　学術的文書は、立論から構成されている文書である。批判的読解とは、理由と証拠が正しく主張を導出しているかどうかを検討することである。

主張の種類

　批判的読解をするためには、まず対象となる文章を理解し分析する必要がある。文章の分析とは、(1) 主張の種類を見分け、(2) どのような論証がおこなわれているかを明らかにすることである。

　主張には、以下の三つの種類があり、まずこれを区別することが大切である（野矢1997参考）。

① 意味規定（定義づけ）
　何かの意味を規定し、定義を与える主張。意味規定には次の2種類がある。
　(a) 辞書的定義：辞書や百科事典、専門辞典などに則して定義を与えること
　　例：「大学は高等教育機関である」
　　　　「人間の内臓とは、循環器、消化器、呼吸器、泌尿生殖器、内分泌器の総称である」
　(b) 独自の定義：筆者自身が独自にある事柄に定義を与えること
　　例：「こうした教育方針のことを"全人格"教育と呼ぶことにしよう」
　　　　「就業、就学、職業訓練のいずれもしていない人のことを、以下では"ニート"と名づけることにする」
② 事実命題
　命題とは真偽や妥当性を確かめられる文章をいう。事実（fact）に関する命題は事実命題と呼ばれる。その真偽（現実や事実に一致しているかどうか）を確かめることができる。
　例：「今年の大学生の就職率は約90%である」

「カバは、草食性で、多くは夜、陸上で草を食べ、アフリカのサハラ砂漠以南の川や湖の付近にすんでいる」
③ 価値命題
価値(value)に関わる命題で、その妥当性や適否を問うことができる。以下の二つの種類に分けることができる。
(a) 選好命題:「……のほうがよりよい／好ましい」という選好を表した命題
例:「勉強しないより、したほうがよい」
　「安全よりも自由のほうが大切だ」
(b) 当為命題:「……すべきだ／すべきでない」という義務や政策を表した命題
例:「人の嫌がることをしてはならない」
　「金融の自由化をもっと進めるべきだ」

論証の分析

主張は根拠から正しく論証(導出)されていなければならないが、いま述べた主張の種類に応じて、どのような理由、さらには証拠が必要であるかが異なってくる。

① 意味規定の場合
意味規定は定義づけであるゆえに、通常、「なぜそういえるのか」を示す理由は不要である場合もある。たとえば、「イヌは哺乳類である」とか「恒久的な法体系によって権力が拘束されている国家を法治国家と呼ぶ」などがそうである。ただしそれが妥当な定義であるかどうかは問題になりうる。たとえば、「大学は高等教育機関である」が妥当な定義であるかどうかは、教育関係の法令や教育学辞典などを証拠として示すことで確かめられる。「私は、大学は中等教育機関だと思う」は常識からはずれた定義づけであり、そのような定義をする理由を説明する必要がある。
② 事実命題の場合
事実命題を主張するには、根拠として証拠(データ)が必要なときがある。たとえば、「近年、少年の凶悪犯罪が増えている」という

主張をするためには、「凶悪犯罪」を意味規定し（どの程度の犯罪が「凶悪」と呼べるのか、少年とはどの年齢の人たちを指すのか）、それが「近年増加している」ことを示すデータを出す必要性がある。そうした確かなデータに基づいていない命題は事実命題と呼べず、ただの風聞や俗説と見なされざるをえず、まともな学術的な議論の対象とはならない。文学研究における事実命題とは何であろうか。たとえば、「夏目漱石の小説『坊っちゃん』では、主人公は最後に山嵐と再会する」という主張は、文学作品に関する事実命題であり、原典から引用したり参照ページを示したりすることがデータによる裏づけとなる。「A氏は原子力発電に批判的な立場をとっている」という事実を示すには、A氏の著作やインタビュー集からそれに該当する発言を正確に引用する必要がある。ただし、あまりに常識的な事実命題にはデータは不要である。たとえば、「日本海側の冬は太平洋側よりも雪が多い」には、日本人には証拠となるデータは不要だろう。

③ 価値命題の場合

価値命題の根拠には、事実を示すデータと、同意できる一般的な価値命題が必要である。たとえば、「タバコは吸うべきではない」という当為命題については以下の二つが根拠となる。

> 「なぜなら（根拠）、(a) タバコは健康に有害であり、(b) 健康に悪いことはやめるべきだからである」

(a) は事実命題であり、その証拠となるデータが必要かもしれない（あるいはすでに常識なので不要かもしれない）。(b) の「健康に悪いことはやめるべき」は、「タバコは吸うべきではない」よりも一般的な価値について言及した命題である。タバコを吸うことは、健康に有害なことの個別的な一事例である。読者は、(a) が事実どおりで、(b) に同意できれば、「タバコは吸うべきではない」という主張に納得できる。逆に、「タバコは吸うべきではない」という当為命題に反対したければ、タバコは健康に有害ではないことを事実として証明するか、「健康に悪くても、やめる必要はない」といった異なった価値を主張すればよいだろう。

3　要約をする

テキストの要約の作りかた

　以上で述べたように、学術的文書は、主張の種類と主張の根拠について分析することが大切である。そして、この分析に基づいて論文の要約を作ることができる。

　ただ単に原文を短くまとめるだけでは、あまりよい要約とはいえない。原文の意味を正確に理解しながら、読者である自分の観点から内容に分析が加えられ、自分の言葉に置き換えられているほうがレポート・論文を書く前段階として望ましい。要約は以下の手順で作るとよいだろう。

1. まず、テキストの全文を通して読むときに、常にパラグラフ（段落）を基本単位として考える。パラグラフごとに、そこでの中心的な主張に下線を引いたり、付箋をつけたりしておく。また、その主張の理由や証拠となる部分にも印をつけておく
2. さらに読み進めるときに、著者の主張で同意できる部分には丸印（○）、理解できない部分にはクエスチョンマーク（?）、同意できなかったり反発を覚えたりする部分にはバッテンマーク（×）をつけたり、付箋を貼って目印をつけておく
3. 読み終わったら、著者の立論を「主張＋理由（＋証拠）」のかたちで短く書き出してゆくとともに、そのテキスト全体で最も重要な主張は何であり、文章全体がどう組み合わされているかを分析する
4. テキスト全体の論旨からそれている重要でないパラグラフは大胆に割愛しながら、テキストの立論の流れをまとめる
5. 最後に要約を読み直し、わかりやすい文章に組み立て直す

人間中心主義的傾斜を保ちつつも自然の権利を拡大してきたアメリカの環境保護運動・環境倫理学は、その過程である程度の成果を上げてきた自然の公的・法的保護[*12]の限界に直面している。穏やかな方策では対処できない環境破壊に公的保護で歯止めをかけると言っても、そこには全体主義的危険性が容易に想像し得る。また、自然に法的権利を与え保護すると言っても、その自然の権利は、人間によって代弁されねばならないゆえ常に人間の裁量に依存せざるを得ないはかない権利である。つまり、「権利の倫理」では、もはや立ち行かないのである。

　このような現実を前に、近年欧米で注目されているのは、サリー・マクフェイグの主張する「ケアの倫理」である[*13]。マクフェイグの議論の意図を一言にすれば、それは、主体―客体モデルから主体―主体モデルへの転換である。自然を客体として管理しつつその権利を広げてゆくのではなく、自然を主体として尊重しつつケアしてゆくこと、最も弱く傷つき易い存在者へと覆い被さるようにして関係を結んでゆこうとすることである。つまり、従来のように、人間中心主義的傾斜を保持しつつ自然に擬人的権利を付与することではなく、人間と自然の間における主体同士の豊かな関係性を目指しているのである。その理念的根拠は、「創世記」1, 31の「神はお造りになったすべてのものをご覧になった。見よ、それは極めて良かった」という記述であり、その豊かな関係性への突破口は、出会いという契機である。自然は人間にとって「良い」のではなく、それ自身として「良い」のであり、そのことは「出会い」において確認され続けねばならない、ということである。愛と認識は共にゆく、それゆえ自然との現実的な「出会い」が心深く体験されねばならない、そしてその心深く体験された「出会い」が必ずや突破口となる、とマクフェイグは考えているのである。

テキストへの書き込み例

課題3

- 5〜10ページほどのテキストを要約しよう。
- 数名のグループを作り、分担して長いテキストの要約を作ろう。たとえば、1冊の本を各章に分けて分担する。そして、それぞれの要約がうまくテキストの要点をとらえていて、わかりやすくまとめられているかどうか、グループ内で互いに批評し合おう。

批判的読解の方法

　テキストの要約ができたら、それを批判的に読解してみよう。批判とは、ある立論に対して、その導出（論証）過程の妥当性を問うことである。

Chapter 1

批判的読解のためには、次の四つの質問を念頭においてテキストを読むとよい。

① 「それはどういう意味だろうか?」
主張に含まれる用語に意味規定(定義)がなされているか。その規定は妥当で、常識的なものか。あるいは、専門分野での定義におおむね一致しているか。文章内での意味規定が一貫しているか。意味のぶれや多義性、曖昧さがないか。

② 「なぜ、そういえるのか?」
主張に根拠があるか。主張と根拠が関連しているか。根拠から主張が論理的に導出(論証)されるか。

③ 「具体例は挙げられているだろうか? データはあるだろうか?」
事実命題を支える証拠(データ)があるか。どんな証拠(実証的データ、引証、常識、個人的体験、逸話)が挙げられているか。証拠は十分に主張を支えているか、正確か、信用できるか、古くないか。

④ 「価値に同意できるか?」
価値命題に関して、その価値観に同意できるか。その価値観は一般的で常識的なものか。

たとえば、「喫煙を法で制限すべきだ。なぜなら、タバコは健康に害があるからだ」という立論に対して以下の質問を投げかけることができるだろう。

① 「法で制限する」とはどの程度か。全面的な禁止か。課税を増やすのか。
② なぜ健康に害があると法で制限する必要があるのか。害があるからといっても法で取り締まる必要があるか。
③ 「健康に害がある」という医学的証拠はどのようなものか。
④ 「健康に害がある」からといって、やってはならない悪いことか。健康に悪くてもやってよいのではないか、本人の自由ではないか。選択の自由のほうが、健康よりも価値があるのではないか。

ひとつの論文や著作を読んで批判的読解をすることは、最初は難しく思えるかもしれない。そうした場合には、同じテーマ、同じ問題について

論じてある複数の文献を比較してみよう。

　たとえば、喫煙の法的規制に関する賛成論文と反対論文を比較してみよう。おそらく、単純に賛成反対ではなく、それぞれの立場がいろいろな留保条件や限定条件をつけて持説を展開しているはずである。それらの意見のなかで自分はどれに共感できて、どれに反発を覚えるかを比較して、その理由を考えてみよう。比較こそが批判的読解への早道である。

課題4
- 課題3で要約したテキストについて、批判につながるような質問を書き出そう。
- 同じテキストについて、互いの質問を見せ合おう。
- それらの質問について、著者ならばどのように回答するだろうか。回答を想定して、立論が維持できるかについて話し合おう。

正しい論証──演繹と推測

　根拠からある結論（主張）を正しく導出するには、演繹（えんえき）と推測の二つのしかたがある（野矢1997参考）。

　演繹は意味に関する導出であり、最初の主張に含まれている意味（含意）から論理的に結論を導くことである。

　演繹の特徴は、最初の前提がすべて正しければ、必然的に真になることである。しかし演繹では、前提に含まれている以上の情報を引き出すことはできない。つまり演繹からは新しい情報を得られることはない。

　　例1：①3は奇数なので、②割り切れない。
　　　　推論のかたち ①→②　奇数の定義から結論が導出される
　　例2：① 彼は選挙権がある。②彼はもう21歳で、成人しているから。
　　　　推論のかたち ②→①　日本では成人には選挙権が与えられ
　　　　　　　　　　　　　　るという、「成人」の定義（含意）から選
　　　　　　　　　　　　　　挙権をもっていることが導出される
　　例3：①あの人気講義は募集人数を超えると、「抽選する」という連
　　　　絡が来るよ。②連絡は来ていないよ。③じゃあ、募集人数は超
　　　　えなかったんだ。
　　　　推論のかたち ①+②→③

推測は事実に関わる導出であり、ある事実から、そこに含まれない他の事実や一般法則を導き出すことである。

推測の場合は、前提となる主張が正しくても、結論が必ずしも正しいとはいえない。しかし、いくつかの命題からそれらを説明してくれる一般的な命題を引き出すこともできる。推測は演繹と異なり、新しい情報をもたらす推論である。

> 例4: ①彼女の服には被害者の血痕(けっこん)がついていた。②きっと、彼女が犯人に違いない。
> 推論のかたち ①→②
> 例5: ①A大学の学生はみな礼儀正しいよ。②だって、今日面接に来た学生も礼儀正しかったから。
> 推論のかたち ②→①

批判的読解をするときには、テキストの導出が、演繹か推測かを見極めて、それが正しい演繹であるか、妥当な推論になっているかどうかを検討する必要がある。

批判的読解をする場合には、ある命題が全称命題か特称命題かに注意する。

全称命題とは、主語に「すべての……(all)」という意味が含まれている命題である。

> 例:「すべての鳥類は脊椎(せきつい)動物である」

特称命題は、「ある……(some) は、……である」「……が存在する」というもので、主語となる対象がひとつ以上存在する、と主張する命題である。

> 例:「卵を産む哺乳類がいる」=「少なくとも一種類の哺乳類は卵を産む」

日本語の文章では、しばしば全称・特称表現を省く傾向があるので、どちらなのか注意する。

例:「哺乳類は温血だ」=「あらゆる哺乳類は温血だ」(全称命題)
　　「飛べない鳥がいる」=「最低1羽の鳥は飛べない」(特称命題)

　特称命題から全称命題に飛躍した主張は誤りである。人はしばしばこの飛躍、すなわち過剰な一般化を犯しがちである。

例:「卵を産む哺乳類がいる」→「哺乳類はみな卵を産む」
　　「犯罪をおこなう外国人がいた」→「外国人はみな犯罪者だ」

　また、否定(……でない)という表現が使われているときには、全称命題の否定か、特称命題の否定かに注意する。全称命題の否定は、「すべてが……である、のでない」であり、ひとつでも例外があればよい。

例:「すべての哺乳類が胎生であるわけではない。カモノハシは哺
　　乳類だが、卵生だ」

　特称命題の否定は「まったくない、ゼロ」である。
　批判や反論をするときには、相手の主張の否定が何になるのか、よく考慮すべきである。たとえば、相手が「中学・高校では服装を規定する必要がある(特称命題)」という主張をしているのに、「中学・高校の服装規定にはくだらない瑣末なものがある。だから、それらはなくしたほうがよい(全称命題の否定)」という批判をしたのでは、批判として有効ではない。なぜなら、その批判は「くだらない瑣末な」いくつかの服装規定をなくしたほうがよいといっているだけだからである。相手はこちらのいい分を認めたうえで、「それでも、最低限の服装規定は必要だ」と自分の主張を維持できるからである。この場合、相手の主張の否定は「服装規定は一切不要だ」になる。

隠れた根拠

　立論をするときには、根拠(理由と証拠)からの導出を示しながら、主張すべきである。しかし、人はしばしば自分の導出の過程を明示せずに、あ

るいは自覚せぬままに文章を書いたり、話したりする。

　そこで、相手の主張を理解するには、ときに相手の暗黙の導出の過程を明らかにする必要がある。とりわけ隠れた根拠（あるいは暗黙の前提）を探すことは大切である。「なんだか理解できない」と思われる主張の多くは、この隠れた根拠を相手と共有できていないためであることが多い。たとえば、以下の例を見てほしい。

　　A:「お昼は何にする？　カレーライス？　それともスパゲッティ？」
　　B:「①スパゲッティにしようよ。②カレーは昨日食べたから」

　ここでBは、①の主張を②を理由として導出しているが、ここには隠れた根拠がある。すなわち、「二日連続して同じものを食べたくない」という価値命題である。

　しかし、Aはこの隠れた根拠を共有しておらず、Bの導出に同意しないかもしれない。Aはカレーが大好きで、毎日食べても飽きないかもしれないし、毎日カレーを食べる習慣をもった社会から来た人かもしれない。

　隠れた根拠は、価値命題の主張にも含まれていることがある。

　「タバコは吸うべきではない」という主張には、「健康に悪いことはやめるべきである」という理由（一般的価値命題）が隠れている。しかし、「健康に悪いことはやめるべき」かどうかは検討すべき余地のある価値命題である。私たちは、しばしば、暗黙の前提を明示されないままに受け入れてしまっていることがある。

　批判的読解では、主張の隠れた根拠を暴き出そう。「なぜ」という問いは、隠れた根拠をあぶり出す方法である。私たちは、「なぜ」と相手の主張の根拠を問うことで、相手と自分が共通に認めている一般的な価値判断が存在しているかどうかを確かめることができる。よって、「なぜ」という問いかけは、社会的に共有できる普遍的な価値を希求することであ

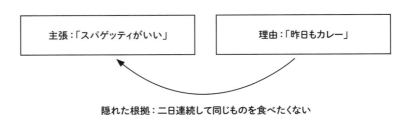

隠れた根拠：二日連続して同じものを食べたくない

る。逆にいえば、この「なぜ」という問いかけに答えない態度は、自分の主張の恣意性や自己中心性を暴かれたくないという身勝手な態度の表れでありうるだろう。

課題5
次の価値命題の背後にあると考えられる事実命題と、一般的な価値命題は何か。それぞれ考えよう。
① 景気をよくする政策が必要だ
② 日本では臓器移植手術をもっと増やすべきだ
③ 若者にもっと就職支援をすべきだ
④ 本校では図書館の蔵書の充実が急務だ

逆・裏・対偶

「逆」「裏」「対偶」という論理的表現を知っておこう。
「もし……ならば、……である」という文章を、A⇒B(⇒:ならば)と表現するなら、逆、裏、対偶とは、それぞれ以下のようになる。

A⇒B
逆：　　B⇒A
裏：　　￢A⇒￢B　（￢:否定）
対偶：￢B⇒￢A

注意すべきは、A⇒Bが真のとき、対偶のみが常に真であることである。A⇒Bが真のときでも、逆や裏は真ではない。

例：　「A大学の卒業生は、優秀だ」＝「その人がA大学の卒業生ならば、その人は優秀だ」（真とする）
逆：　「その人が優秀なら、A大学の卒業生だ」（偽）
裏：　「その人がA大学の卒業生でないなら、優秀でない」（偽）
対偶：「その人が優秀でないなら、A大学の卒業生ではない」（真）

私たちは、しばしば「A⇒Bが真」であると、その逆や裏も真であるかのように考えてしまう。たとえば、

① 「人種隔離政策は、人種差別を助長する」

という主張に対して、

② 「そんなことはないよ。19世紀はもっと人種差別的だったけれど、人種隔離政策などなかったもの」

という批判は的外れである。なぜなら、「A（人種隔離政策をとっている）ならば、B（人種差別が助長される）」に対して、②の批判側は、「"B（人種差別が助長されている）ならば、A（人種隔離政策をとっている）"とはいえない」と①の逆を否定してしまっているからである。

批判と反論

これまで説明してきた批判は反論ではない。反論とは、ある主張と対立する立論のことである。反論はある主張を単純に否定形にすればよい。

例：主張「捕鯨は全面禁止すべきだ」
　　反論「捕鯨は全面禁止すべきでない」（注意：この場合に反論は、部分禁止は認めていることになる）

批判は、相手の立論の妥当性を問うことであり、ときに相手の立論を崩すことができる。それに対して、反論は立論と対立するだけで、相手の立論を崩すことはできない。よって、反論だけでは相手に立論を取り下げさせられない。立論と反論の優位を判定するには第三者が必要である。

課題6
次の主張の反論をそれぞれ作り、かつその反論の理由を考えよう。
① 健康に悪いからタバコは一切禁止したほうがよい
② 国内の農業を保護するためにもっとお米を食べるべきだ
③ 亡くなった人からの臓器移植は、本人の拒否の表明がない限り、医師の判断に任されるように法律を変えるべきだ

4　テキスト分析の具体例

環境問題と西欧文化圏の宗教的背景
齋藤かおる

はじめに

「地球の美しさと神秘を感じとれる人は、科学者であろうとなかろうと、人生に飽きて疲れたり、孤独にさいなまれることはけっしてないでしょう……地球の美しさについて深く思いをめぐらせる人は、生命の終りの瞬間まで、生き生きとした精神力をたもちつづけることができるでしょう」[*1]という馴染み深いレイチェル・カーソンの言葉に触れる時、私たちの多くは、心深く共鳴しつつその言葉を了解するのであって、その言葉の正当性を証す議論の必要性など感じはしない。しかし、この日本に暮らしている者には、カーソンの言葉をただ感性において了解するだけでなく、理性においても解きほぐし思索を重ねてゆくことも、大切なことのように思われる。何故ならば、日本には、現代の環境問題への取り組みを後押しする宗教的背景——勿論、それが必要というわけではないにしても——が希薄だからである。

一般に、現代の世界的環境破壊の責任の所在を巡る議論において、必ずと言って良い程まず俎上に載せられるのは、西欧文化圏の宗教的背景である。そしてその際、しばしば東洋的考え方への期待が語られる。これは、私たち日本に暮らしている者にとっては、差し当たり心地良い図式である。しかしこの図式は、現代の世界的環境破壊の複雑な構造の前には短絡的と言わざるを得ないし、しかも日本は、こと環境問題に限っては「東洋」とは言えない。先般の「ヨハネスブルク環境開発サミット」における諸国間の利害の錯綜の中、突出した傲慢さを見せ世界中を嘆息させたのはアメリカであったが、日本は、言うまでもなくそのアメリカにぴったり寄り添ってい

る国である*2。そしてそのアメリカの著名な環境哲学者から、「日本のような国々の環境問題を見れば、西洋が東洋以上に自然を悪化させてきたのだろうかと疑う理由もある」*3と言われてしまう国……それが、残念ながら日本の現実である。

　外的には極めて西欧的な歩みを呈したが内的には西欧文化圏の宗教的背景と無縁だった、という日本のこれまでの環境との関わり方は、日本中で日々エコロジカルな活動を積み重ねている市民一人ひとりの心と行為を損なうものでは決してない。しかし、現代の環境問題が個々人の意志や努力の範囲を超えており、国家レベルでの忍耐強い交渉を不可欠としていることを考えれば、日本が外的にはそうであって内的にはそうでなかったところのものを、私たち一市民が見定めておくことにも、意味があろう。カーソンの美しい確信の言葉に対して、西欧文化圏の人々は何を感じ、日本に暮らす私たちは何を感じにくいのか……それを見定めておくことは、企業や国家間の利害に左右されない環境政策を市民の善き意志によって切り開いてゆこうとすることにおいて、きっと私たちの視野を広げてくれるだろうし、私たちなりのスタイルを考える手がかりを与えてくれるだろうからである。

I　リン・ホワイトのテーゼ

　先に述べたように、現代の世界的環境破壊の責任の所在を巡る議論においては、必ずと言って良い程まず西欧文化圏の宗教的背景が俎上に載せられるのだが、これは、科学史家リン・ホワイトが1967年に「現在の生態学的危機の歴史的根源」*4と題した論文を発表したことに端を発している。この論文は、発表直後から様々な論争を巻き起こし、そこにおいて、ホワイトの議論の不備や綻（ほころ）びも様々に指摘されてきた。しかしそれにも拘らず、環境問題に関する学術論文（ことに欧米の学者の手になる論文）においては、ホワイトのテーゼに言及しつつ自らの態度を表明しておくことが、今日もなお定番作法の一つである。

　ホワイトのテーゼは、「人間が自分たちの生態にかんしてなすことは、人間が自分たちの周りの事物との関係で自分のことをどう

考えているかに依存している。人間の生態はわれわれの本性と運命についての確信、つまり宗教によって深く条件づけられている。……良いにしろ悪いにしろ、われわれは『脱キリスト教時代』に生きているというのが、今日の流行になりつつある。確かにわれわれの思考や言語の形式はキリスト教的であることを大方やめた。しかしわたしのみるところでは、実質の方はしばしば驚くほど過去のそれに近いままなのである」[*5]というものであった。そしてその際、環境と人間との関係についての欧米人の思考や言語の形式が深く根ざしているキリスト教的原理として、ホワイトが考えていたのが、聖書の天地創造物語である。つまりホワイトは、「産めよ、増えよ、地に満ちて地を従わせよ。海の魚、空の鳥、地の上を這う生き物をすべて支配せよ」という旧約聖書の「創世記」1,28の記述を、「物理的創造のうちのどの一項目をとっても、それは人間のために仕えるという以外の目的をもってはいない」[*6]と読み、それが「人が自分のために自然を搾取することが神の意志であると主張」[*7]するキリスト教的原理を形成していると考え、そのキリスト教的原理が西欧文化圏の国々による環境破壊の元凶だと断じたわけである。

このようにホワイトのテーゼは、現代の世界的環境破壊の原因を問い詰めると旧約聖書の一言に辿り着く、という極端なものである。しかし、このテーゼが強烈なインパクトを持つのは、その極端さのゆえではないように思われる。単なる極端さのゆえではなく、その指し示した一言がおよそ老若男女の誰も知っている一言だということのゆえに、ホワイトのテーゼは、独自の位置を保っているように思われる。文化に深く浸透している言葉によって、もしかしたら自分たちは自然を搾取する存在へと規定されているのかもしれないということ。それが、欧米の人々にホワイトが与えた衝撃であろう。そして、そのような事態は、日本では例えようがないようなことである。

II　ジョン・パスモアらの反論

ホワイトのテーゼに対しては、様々な反論が向けられてきたが、その代表的なものとしては、ジョン・パスモアらの主張する委託管

理者精神（stewardship*8）が挙げられる。それは、「創世記」1, 28の記述を、専制君主的支配の命令としてではなく、「世界の世話をまかされた神の代理人として実質的な責任を有する」*9ことの言明として理解する方向性を持っており、パスモアにおいては、加えて「自然を完成させるためにこれに協力する者として」*10人間をみることが注目される。

　このような委託管理者精神は、ホワイトのテーゼへの反論として妥当かどうかということにおいてよりも、アメリカの環境保護運動・環境倫理学の議論の展開において、一層重要な役割を果たしてきたように思われる。何故ならば、環境保護運動・環境倫理学は、ヨセミテ以降の保全／保存論争*11に決着をつけられないにもかかわらず、人間中心主義的な傾斜を変えることはできずに進んできたし、そのような人間中心主義的傾斜にもかかわらず、基本的には自然の権利を拡大する方向で進むという少々複雑な歩みをなしてきた。それは、現在のアメリカが見せる矛盾を孕んだ姿——自国の産業界の利益のために国際的連繋への協力を渋る一方で、保護運動・倫理学の理論においては世界をリードするという姿——へと至る道程でもあった。そしてそのような歩みを首尾良く支え得たものこそ、委託管理者精神だからである。

　委託管理者精神を唱える人々は、ホワイトのテーゼを、その聖書解釈の短絡性のゆえに否定する。しかし、それによって、キリスト教は「人が自分のために自然を搾取することが神の意志であると主張」したのだというホワイトの主張を退け得ず、むしろ更に実践してきてしまった観があるのは、何とも皮肉なことである。

III　最新の動向

　人間中心主義的傾斜を保ちつつも自然の権利を拡大してきたアメリカの環境保護運動・環境倫理学は、その過程である程度の成果を上げてきた自然の公的・法的保護*12の限界に直面している。穏やかな方策では対処できない環境破壊に公的保護で歯止めをかけると言っても、そこには全体主義的危険性が容易に想像し得る。また、自然に法的権利を与え保護すると言っても、その自然の権利は、人

間によって代弁されねばならないゆえ常に人間の裁量に依存せざるを得ないはかない権利である。つまり、「権利の倫理」では、もはや立ち行かないのである。

　このような現実を前に、近年欧米で注目されているのは、サリー・マクフェイグの主張する「ケアの倫理」である*13。マクフェイグの議論の意図を一言にすれば、それは、主体─客体モデルから主体─主体モデルへの転換である。自然を客体として管理しつつその権利を広げてゆくのではなく、自然を主体として尊重しつつケアしてゆくこと、最も弱く傷つき易い存在者へと覆い被さるようにして関係を結んでゆこうとすることである。つまり、従来のように、人間中心主義的傾斜を保持しつつ自然に擬人的権利を付与することではなく、人間と自然の間における主体同士の豊かな関係性を目指しているのである。その理念的根拠は、「創世記」1, 31 の「神はお造りになったすべてのものをご覧になった。見よ、それは極めて良かった」という記述であり、その豊かな関係性への突破口は、「出会い」という契機である。自然は人間にとって「良い」のではなく、それ自身として「良い」のであり、そのことは「出会い」において確認され続けねばならない、ということである。愛と認識は共にゆく、それゆえ自然との現実的な「出会い」が心深く体験されねばならない、そしてその心深く体験された「出会い」が必ずや突破口となる、とマクフェイグは考えているのである。

　さて、マクフェイグの主張を概観する時、私たちには直ちにカーソンの「センス・オブ・ワンダー」という言葉が浮かぶ。しかし、おそらく欧米の人々の場合、少し順序が違う。マクフェイグからカーソンではなく、マクフェイグやカーソンから「創世記」1, 31 である。「創世記」1, 31 は、1, 28 と同様、西欧文化圏の人々の心に深く浸透している言葉である。そして、この 1, 28 から 1, 31 への視点の転換は、環境問題への取り組み方の大きな転換の可能性を予感させるだけでなく、錯綜した問題群に疲弊した人々の心を癒し新たな力を与えてもいるように思われる。残念ながら、それは、私たち日本に暮らす者には実感できにくいことなのであるが。

おわりに

　現代の環境問題は、短期的に言えばいわゆる「近代」の産物という性格が強く、長期的に言えば大昔に農耕と共に始まったという極論も可能なのであって、基本的には宗教（キリスト教）に責任を問う必要はない。西欧文化圏について言えば、聖書が執筆される以前から人間による環境搾取は行われていたからである。しかし、ホワイト以降の欧米の環境問題を考えるある種の作法、即ち自分たちの文化圏における自然観と自分自身の自然観とを繰り返し問いつつ思索を進めるというスタイルが、時に自然との新たな関係を模索してゆく大きな原動力の一つとなっていることは、間違いない。とすると今日、環境問題と宗教的背景のかかわりの眼目は、何よりもまず、個々人が自らの時間的空間的広がりを超えた問題を思い巡らすことにおける促しだと言えよう。

　無宗教を標榜することに慣れている日本人にとって、宗教的背景が思索を促す大きな原動力の一つだということは、当惑と不快の材料かもしれない。しかし、日本という国は、無宗教というよりも自然宗教的背景を持つ国である[*14]。それゆえ、日本には日本なりの、自然との新たな関係を模索する思索のスタイルがあるはずである。そしてそれは、はっきりと自覚されるならば、案外とカーソンのスタイルに近いものかもしれない。

註
- [*1] ── カーソン『センス・オブ・ワンダー』（上遠恵子訳）新潮社、1996年、50頁。
- [*2] ── 「ヨハネスブルク環境開発サミット」の成果については、朝日新聞2002年9月5日朝刊14版2面、9月6日朝刊14版2面を参照。
- [*3] ── シュレーダー=フレチェット「環境についての責任と古典的倫理理論」（竹山重光訳）シュレーダー=フレチェット編『環境の倫理（上）』、晃洋書房、1993年、38頁。
- [*4] ── White, Jr., Lynn; "The Historical Roots of Our Ecologic Crisis," *Science*, 155(1967), 1203-1207. ホワイト『機械と神』（青木靖三訳）みすず書房、1972年、第5章に所収。
- [*5] ── ホワイト『機械と神』、86頁。
- [*6] ── ホワイト『機械と神』、87頁。
- [*7] ── ホワイト『機械と神』、88頁。
- [*8] ── stewardshipの伝統については、パスモア『自然に対する人間の責任』（間瀬啓允訳）岩波書店、1998年、48頁以下を参照。
- [*9] ── パスモア『自然に対する人間の責任』、48頁。
- [*10] ── パスモア『自然に対する人間の責任』、49頁。
- [*11] ── 自然を人間の生における手段として守ろうとする立場が保全（conservation）、自然をそれ自身における生存権を持つ存在として人間と対等に扱おうとする態度が保存（preservation）と呼ばれる。ヨセミテの国立公園指定（1890年）以降、様々に論争

> が重ねられ現在に至っている。
> *12 ——自然の公的保護については、何と言ってもアルド・レオポルドの「土地倫理」の果たした思想的役割が大きいのだが、彼の論述に見受けられる全体主義的傾向は、様々に批判されている。自然の法的保護については、クリストファー・D・ストーンらの仕事によって、定着する可能性も出てきている。
> *13 ——McFague, S.; *Super, Natural Christians: how should we love nature,* Minnea-polis 1977. を参照。
> *14 ——阿満利麿『日本人はなぜ無宗教なのか』ちくま新書、1996年を参照。
>
> 『会報第30号』レイチェル・カーソン日本協会,2002年12月 所収

テキスト分析の手順

1｜主張を見つける

・著者の最も中心的な(あるいは結論となるような)主張を探し出して、それを引用する

　　最初に、著者がこれは正しいと主張している言明(文)はどれか自問してみる。たとえば、齋藤のエッセイを例にとると、「おわりに」(結論部分)で齋藤は自分の主張をはっきり書いている。

　　それは、「現代の環境問題は、基本的には宗教(キリスト教)に責任を問う必要はない」というものである。しかし、著者が主張を、どのような条件の下で提示しているか(あるいは、どのような制限を加えているか)についても注意すべきである。著者は「しかし、ホワイト以降の欧米の環境問題を考えるある種の作法、即ち自分たちの文化圏における自然観と自分自身の自然観とを繰り返し問いつつ思索を進めるというスタイルが、時に自然との新たな関係を模索してゆく大きな原動力の一つとなっている」と述べている。

　　すなわち、齋藤はこの主張のなかで、「環境問題の根源が、(西欧の文化的背景にある)キリスト教にある」という考えを退けながらも、それぞれの文化圏が自分たちの自然観を問い直すことが、環境問題を考える大きな原動力になっていることを認めている。西欧文化圏に属する人たちにとっては、自分たちの文化的背景にあるキリスト教に含められた自然観を批判的に検討することが、環境問題を考える大きな推進力となっており、一概に、環境問題とその文化圏の宗教的背景との関係を問うことを無意味と考えてはならない、と齋藤

は主張しているのである。

2｜その主張に至る議論の過程をまとめる
・結論に至るまでが、どのような議論展開になっているか、結論までの節の内容を、それぞれ、2～3行で手短にまとめる

斎藤の論文は、「はじめに（序論）」で「世界的環境破壊の責任には、西欧文化圏の宗教的背景があるか」という問いを提出し、最終的な「おわりに（結論）」で、その問いに対して否定的に解答している。結論に至るまでの過程において、

  Ⅰ　リン・ホワイトのテーゼ
  Ⅱ　ジョン・パスモアらの反論
  Ⅲ　最新の動向

という三つの節を経て議論を展開している。

この、「はじめに（序論）」から、Ⅰ～Ⅲまでの四つの節の内容を、それぞれまとめてみる。

3｜理由をリストアップして検討する
・結論での主張を支える理由を探し出し、箇条書きに要約する
・その際には、「その理由は主張とどのように関連しているか」「この証拠は適切か」を検討する

「筆者はなぜこの主張を述べているのか」を問うことからはじめる。主張を正当化するのに使われている言明を複数見つけるようにする。斎藤の場合は、以下のような三つの理由を挙げている。

理由①：「はじめに」のなかで、キリスト教が文化的背景の主流をなしていない東洋（たとえば、日本）においても、西欧と同様に環境破壊がおこなわれている。

理由②：「Ⅱ　ジョン・パスモアらの反論」において、ホワイトのテーゼ（「キリスト教における人間中心主義思想が環境破壊の原因となっている」）に対する、パスモアらの反論を取り上げている。パスモアらによると、聖書のなかには人間を「自然の委託管理

　　　　者」として見る見かたも含まれており、これがアメリカの環境保護運動・環境倫理学において重要な役割を果たしてきた。
　理由③:「Ⅲ 最新の動向」において、サリー・マクフェイグの主張する「ケアの倫理」が環境保護のための新しい有効な自然観（「自然を主体として尊重しつつケアしてゆくこと」）を提示しているが、その理念的根拠が『創世記』の「自然はそれ自身として良い」という考えに求められている。聖書はディープ・エコロジーにも根拠を与えうると齋藤は考えている。

　リストアップされた理由は、書き手の言葉どおりでなくてもよいし、はっきりと書かれていないため、そうできない場合もある。それでも、筆者の言葉にできるだけ忠実に書くよう注意すべきである。

4｜証拠を見つけて検討する

- 理由づけの分析が終わったならば、次は主張を裏づける証拠を考察する
- 主張の証拠となるものを探し、それがどういう種類の証拠に相当するかを分析する
- その際に、主張がしっかりと証拠に支えられているかどうかを検討する
- まったく証拠が提示されていない主張や理由もある。その場合には、証拠を提示する必要があるか、あるいは、証拠になりうるようなデータが集められそうかを考えておく

　　どんなデータ（実証的データ、逸話、事例研究、公的機関からの引用など）が、それぞれの理由の証拠として挙げられているか。議論のなかにはほとんど証拠を提示していないものもある。
　　齋藤の議論は、環境保護の原則に関わる思想的な議論の典型例であるが、このような議論を説得力あるものにするのには、それほど証拠は必要ない。証拠がないことが、即、問題となるわけではない。齋藤の場合には以下のようになる。

　　理由①に関して、齋藤は証拠を挙げていない。だが、日本を含めた世界において重大な環境問題が発生していることは確認を要し

ないほど知られた事実であり、常識である。

理由②に関して、「自然の委託管理者」という発想が聖書のなかにあることを『創世記』を引用して示している。だが、この考えが、「アメリカの環境保護運動・環境倫理学の議論の展開において、一層重要な役割を果たしてきた」ことについては証拠を示していない。したがって、この点に関しては著者の主張が正しいかどうかの判断をペンディングしておいたほうがよいだろう。

理由③に関して、サリー・マクフェイグの環境保護思想が聖書に基づいたものであることを、齋藤はマクフェイグの著作を参照して示している。

5｜反論と反駁（再反論）を検討する

- これをおこなうかどうかは任意であるが、最後のステップとして、著者の主張への反論と反駁（再反論）を検討する
- 著者自身がテキストのなかで、自分への反論を取り上げて、それに反駁している場合には、それについて検討する
- そうした著者自身による反論―反駁がない場合には、著者の主張への反論か、あるいは反論につながるような質問を考える
- 次に、その自分で出した反論に対して、著者の立場に立って、反駁を考える。「反駁」とは、筆者は自分の見解に対してありうる反論を想定し、それらの反論に対して、自分の議論が確かであることを示そうとするものである
- この反論・反駁の過程をくり返すことによって、議論はきわめて深いものとなる。主張の堅牢さは、可能な限りさまざまな立場に立って持説を検討することから得られる。時間が許せば、重視したい過程である

齋藤の議論のしかたは、「Ⅰ　リン・ホワイトのテーゼ」において、「キリスト教が環境破壊の原因だ」とするホワイトのテーゼを説明し、「Ⅱ　ジョン・パスモアらの反論」と「Ⅲ　最新の動向」において、ホワイトのテーゼに反論するというかたちをとっている。

この論文のなかでは、「キリスト教が環境破壊の原因だ」とする側の反駁は取り上げていない。

たとえば、「キリスト教が環境破壊の原因だ」とする側の反駁としてはどのようなものがありうるのかについて考えたり、その反駁

の証拠として何を調べたらよいか、どのようなものが挙げられるか
について考えたりするのもよい。

　時間があれば、その仮想の反駁について、さらに齋藤の側からど
のような再反駁（再・再反論）がありうるのかについて考えるのもよ
い。

個人課題
① 著者の最終的・中心的な主張（結論）は何だろうか。文中から書き出し（引用）してみよう。
② 著者の中心的な主張を支える根拠（理由・証拠）を本文中から探し出し、箇条書きにしよう。また、その根拠から主張がきちんと導出できているかどうか、検討しよう。
③ 必要なデータや事例は挙げられているか、検討しよう。
④ 著者の主張には隠れた根拠があるだろうか。もしあるなら、あなたはそれに同意できるだろうか。
⑤ あなたは、著者の主張への批判につながるような質問が思いつくだろうか。あるいは、著者への反論が思いつくだろうか。
⑥ 最終的にあなたは、著者の主張に賛成か反対か。どちらの場合でも自分がそう思う根拠を示すこと。
⑦ もし自分の意見がまとまらないなら、人の意見を聞いてみたい箇所をピックアップしておこう。

グループ課題
・3〜4人のグループでそれぞれ、①〜⑥に関して自分の意見を述べ合おう。
・特に④と⑤について、互いに意見をぶつけて議論しよう。
・自分の意見をあまりはっきりもてない人は、⑦で取り上げた点について、他の人の意見を納得いくまで聞いてみよう。そして、他の人の意見についてどう思うか、自分の感想を述べよう。
・著者の立場なら、自分たちの批判や反論にどのように応答するか、みんなで考えよう。

最終課題
上記の個人課題とグループ課題を経た後に、ブックレビュー（批評）を書こう。内容としては、①文献を分析的に要約し、②批判的検討を加え、③最終的に著者の主張に賛成できるかどうか。分量は1,200〜2,000字程度。

Chapter 1

課題7

テキストの批判的読解をおこない、ブックレビュー(批評)を作ってみよう。
・あらかじめテキストを選定する。テキストは、短めの論文や著作からの抜粋、学術的に取り上げるに値する一般誌や新聞の論説文などが適当である。分量は、最初は3〜5ページが適当。
・テキストは事前に読んでくること。

━ 読む
── 書く
── プレゼン
── ディベート

- ブックガイド
・アドラー,M. J. とドーレン,C. V.(1997)『本を読む本』外山滋比古・槇未知子訳,講談社学術文庫.
・石黒圭(2008)『文章は接続詞で決まる』光文社新書.
・伊勢田哲治他編(2013)『科学技術をよく考える──クリティカルシンキング練習帳』名古屋大学出版会.
・伊勢田哲治(2005)『哲学思考トレーニング』ちくま新書.
・瀬戸賢一(2002)『日本語のレトリック──文章表現の技法』岩波ジュニア新書.
・野矢茂樹(1997)『論理トレーニング』産業図書.
・野矢茂樹(2006)『入門! 論理学』中公新書.
・福澤一吉(2012)『文章を論理で読み解くための クリティカル・リーディング』NHK出版新書.

第2章

レポート・論文を書く方法

レポート・論文とは何か、感想文とはどう違うのか
といったレポート・論文の内容的・形式的な定義をまず明確にする。
そして、論文をどのように構成したらよいのか、
その形式（序論─本論─結論）と順序、分量について説明する。
次に具体的な論文の書きかたについて説明する。
論文を書くときの一般的注意について触れ、
課題提示から提出までのレポート・論文作成の流れを説明する。
その流れのなかで、特に注意を要する問題設定と本論の構成法について
くわしい方法を紹介する。
最後に、執筆のためのアウトラインの作成、査読と修正、
提出のしかたについて述べる。

1 レポート・論文とは何か

コミュニケーションとしてのレポート・論文

　本章ではいよいよレポートや論文をどのように書けばよいかを解説する。その前に、そもそもレポート・論文とはどのようなものかについて説明しておこう。

　現在では徐々に変わりつつあるが、これまで日本の中等教育(中学・高校)では、レポートを書かせる指導をあまりしてこなかった。あるテーマについて自分で文献を探し、資料を作成し、それを研究や調査としてまとめるという探究型、あるいはプロジェクト型の学習方法を高校までにきちんと学んでいる人は少ない。そうした探究型・プロジェクト型の学習はすでに多くの国で初等中等教育から導入されており、実際にそれをおこなうのに、特別に高度な知識を要求するものではない。

　たとえば、小学校高学年になっていれば、学校や近隣の図書館を利用して調べものをさせ、それをクラスで発表して質疑応答をおこない、再び調べさせ、最後に(きちんととじて、表紙もつけて)レポートのかたちにまとめるように指導するのは難しいことでも何でもない。事実、そうしたことをさせている小学校もあるし、海外ではごく一般的なことである。

　しかし他方日本では、大学に入るまで、自然科学の実験レポートは別にして、人文・社会科学系のレポートを書いた経験がまったくない学生も少なくないのが現状である。そうした学生は、読書感想文と論文・レポートの違いがよくわかっておらず、大学ではじめてレポート課題を課されると戸惑いの声を上げる。この違いがわからないままに、レポートを書いて提出すると低い成績評価を受けるのは当然である。

　そこでレポート・論文とは何かを定義しよう。第一の定義は以下のものである。

レポートと論文は、文書による公共的なコミュニケーションである。

　あたりまえに思われるかもしれないが、レポートも論文も読者がい

て、その人たちに読ませるものだということを忘れてはならない。そして、レポートも論文も個人に宛てた手紙や電子メールのような私信ではなく、大学、研究所、学会、官庁、企業など、いずれにせよ公共性のある機関（私企業も公共性のある法的人格である）に提出される文書である。それは個人としての教員や上司に提出されるものではなく、公共的な地位としての教員や上司、組織に提出される文書である。

　さらに、次のようにいえる。

レポートと論文は、学術文書である。
レポートとは、テーマや設問が定められた短い論文である。

　英語の"report"とは、本来「報告書」のことで、大学の講義で課されるようなレポートは"essay"とか"paper"と呼ばれる。しかし、ここでは混乱を避けるために、大学の講義で提出を要求されるような学術文書をみな「レポート」と呼ぶことにしよう。

　単純にいえば、本書でいう「レポート」とは、卒業論文や学会誌論文と同じ種類の、だがテーマや設問が出題者によって定められ、それほど強い独創性の求められない、分量の少ない学術文書を指すことにする。「報告書（report）」は、あるテーマについて自分の主張を述べずに調査したものをいう。たとえば、社会調査をしてその結果を報告する場合などがそうである。これに対して、「レポート（essay, paper）」は自分の主張や意見を含んでいる点が報告書と異なる。

　では、大学で求められる学術文書と、感想文や随筆とはどう違うのだろうか。内容と形式の両面において以下の違いがある。

① 内容上の違い
　　感想文や随筆は自分の思ったままを主観的・個人体験的に書けばよい。他方、学術文書の目的は、客観的（あるいは間主観的）な真理と善の追求である。善とは、善いおこないや判断、善い政策や方針のことである。よって、レポート・論文では、真理や善を主張する立論をして、それが正しいかどうか検討しなければならない。
② 形式上の違い
　　感想文や随筆は形式自由。学術文書には従うべき構成形式がある。

学術文書の目的は、読者とともに真理や善を追求することである。もちろん私たちは、レポートや論文のなかで自分の主張を読み手に説得することを試みる。しかし最終的な目的は、自己を主張することそのことにあるのではなく、読者と筆者が互いに納得できる真理と善を見いだすことにある。

　それに対して、感想文の目的は、おそらく自己主張や自己表現なのではなかろうか。あるいは、ビジネス文書では、真理や善の追求ではなく、利益の追求を目的とした文書が基本である。これが学術文書と、他の文書との違いである。

　次に、レポート・論文の構成についてくわしく説明する。

レポート・論文の構成

　学術文書は、一定の構成形式に従って書かれていなければならない。ここでは、おもに人文・社会科学の分野を想定して、最も基本的でオーソドックスな構成のしかたを説明する。

　レポート・論文は、あるテーマのもとで、ある問題に解答を与える「問い—答え」という構成形式をしていなければならない。つまり、学術文書の基本とは、誰かの立てた問いに答える、自分自身に課した問題に解答する、という意味において問答なのである。そもそも学問とは、真理と善を追求する問答である。

　この問答形式がレポート・論文の構成にも反映しており、その内容は、(1) 序論、(2) 本論、(3) 結論に分かれていなければならない。すなわち、序論で問題が提出され、結論でその解答が示されなければならない。そして、本論とは、結論に至るまでの議論が展開する部分である。

　かつては論文の構成法として、「起—承—転—結」や「序—破—急」といったやりかたが紹介されていたが、いまでは廃れてしまった。なぜそのように構成しなければならないのか、その必然性が明確でないためである。学問が国際化するなか、以前の日本の作文の構成法はまったく通用しなくなった。

　本書で紹介する「序論—本論—結論」は、学問が真理と善を追求する思考の試み、あるいはそのための対話であることを反映している。各部分で具体的に何を書けばよいだろうか。

1｜序論——テーマと問題を設定する

　「テーマ」とは、研究や調査の対象になる領域や範囲のことをいう。たとえば、「若者の教育と雇用問題」とか、「生命倫理」とか、「20世紀のヨーロッパ外交」といった大学の講義のタイトルになるようなものをいう。「経済学」とか「精神医学」などは、テーマと呼ぶにはあまりに大きすぎるだろう。

　次に、「問題」とは、テーマについて立てられた問いのことである。たとえば、「若者の教育と雇用問題」というテーマに関する「高校中退者の就職状況はどのようにすれば改善するか」という問い、「生命倫理」に関する「脳死は人の死といえるか」という問題、「20世紀のヨーロッパ外交」という範囲における「第一次世界大戦の戦後処理は成功したか」といった問いがそうである。

　論文を書くときは、必ず問題を設定し、それに解答することを目的にすべきである。ときに「○○について」といったようにテーマを決めただけで、レポートや論文を書きはじめる人がいるが、そうした場合、論じる内容が拡散してしまい、まとまりのない失敗作になることがほとんどである。

　問題を設定することは、論文という旅行の到着地点を示すことである。実をいうと、論文執筆の成功不成功は、この問題設定の良し悪しでほとんど決まってしまう。学部学生のなかには、講義レポートや卒業論文で博士論文でも扱えないようなあまりに壮大なテーマに取り組もうとする人がいる。おそらく知識が足りないため、そのテーマについてどれほどたくさんの問題を論じなければならないかがわかっていない。そうした過大な問題設定をすれば、そのレポートや論文は必ず収拾がつかないものになる。あまりに瑣末な問題は論じるに値しないが、身の丈を超えた問題に取り組んでも解答は得られない。問題設定が適切でないからである。

　このようにいうと、読者のなかには「大学のレポートは設問が決まっているものも多い。そうした場合には、テーマも問題も設定する必要はないのではないか」と思う人もいるだろう。しかし、設問が教師から出されている場合でも、人文科学系のレポートの設問には次のような漠然としたものが多くはないだろうか。

・講義に関連したテーマについて自由に論じなさい

・永井荷風の『腕くらべ』の特徴について論じなさい
・テキスト『倫理学』を読んでどう思うか、議論しなさい

　教員がこうした大きな設問を出すのは、学生が講義の内容を理解して、設問の意図と背景をよく把握して、それに応じて適切な問いが立てられるかどうかを見ようとしているからである。したがって、仮に設問が定められているレポートであっても、自分自身で設問を明確に再定義して、議論をはじめる必要がある。
　序論では具体的に以下のことをおこなう。

1. テーマの導入
　そのテーマを論じる意義、たとえば、「若者の教育と雇用問題」を論じる意義について明らかにしておこう。レポートの場合、講義の目的や講義内容を見直して、テーマの意義を確認しよう。
　卒業論文のような自分でテーマを設定するような場合には、テーマのもつ今日的意義、社会的意義、その分野の学問における位置づけを説明する必要があるだろう。そのためには、そのテーマの先行研究と研究の現状を説明する必要がある。
　くり返すように、テーマは論じる範囲を限定するものである。自分の力量と時間を考えて、過大なものにならないように気をつけよう。この範囲は扱うが、この範囲は扱わないといった線引きをはっきりとおこなったほうがよい。

2. 問題の設定
　先に述べたように、テーマに関して問題を設定しよう。問題は、端的に疑問形で書かれていたほうがわかりやすい。たとえば、「高校中退者の就職状況はどのようにすれば改善するか」のように。レポートでは、問題を限定して、明確なものにしたほうが賢明である。
　卒業論文では、比較的大きな主問を立て、それに関連した副問を複数立てて、主問への解答に漸次、近づいてゆくほうがよいだろう。

　　　　例
　　　主問：　安楽死を日本でも法的に認めるべきか。
　　　　　　→第1章：序論

副問(1)：安楽死を容認する国々の法律はどうなっているか。
　　　　→第2章
副問(2)：日本でのこれまでの安楽死事件にはどのような判決が出されたか、どのような議論が起こったか。→第3章
副問(3)：安楽死の問題点は何だろうか。→第4章
副問(4)：安楽死の問題点は解消されるだろうか。→第5章
結論：　日本でも安楽死を法的に認めるべきである。その条件は、……。
　　　　→第6章：結論

「安楽死を日本でも法的に認めるべきか」を、卒業論文を貫く中心問題（主問）として、結論で解答を与える。そのために、(1)～(4)までの副問を立てて、各章でこの副問に答え、最後に主問に解答できるようにする。

3. 方法の提示

　提示した問題にどのようにアプローチするのか、その方法を示す。特に、本論中で実験・観察・社会調査・質的研究などの実証的研究をおこなった場合、その方法を記す。
　具体的な提示のしかたについては各分野の専門家に聞くべきだろう。

4. 展開の予告

　本論においてどのようなことを論じ、最終的にどのような結論が示せるのかを簡潔に章の順序を追って予告する。この序論の時点で、最終的な結論（問題への解答や解決策）を提示したほうがよい。

2｜本論

　先に述べたように、本論では結論に至る議論を展開する。本論は、序論での問題に対して最終的に結論での解答を示すための論証の過程である。自分が結論で述べたい主張を、論理的・実証的に論証し、説得力をもって反論や疑問に応じていく過程である。
　本論の構成法については、本章3節で後述する。

3｜結論

　結論は、序論の問題に解答する部分であり、ここで論文の主張が明確に打ち出されなければならない。結論では以下のことをおこなう。

1. 要約

　まず論文の主旨(テーマの意義と問題の設定)を確認し、本論において何を論述してきたかのポイントを簡潔にまとめる。期末レポートならば、一パラグラフ程度で十分だろう。ただし、あまりに短いレポートの場合は、この要約部分は不必要な場合もある

　卒業論文ならば、各章ごとに議論をまとめる必要があるだろう。全体の分量にもよるが、ひとつの章を一パラグラフでまとめるのが目安になるだろう。

2. 結論

　本論で論じた内容から導かれる最終的な結論を、論理的に明確に打ち出す。この結論が序論で立てられた問題にはっきりと解答していて、自分の考えが明確に打ち出せている必要がある。序論での問題と結論での解答がきっちりとかみ合っていないと評価されない。

　ただし、結論では、本論で論じた内容以上の内容を論じてはならない。結論はあくまでまとめるだけのものであり、新しい議論を加えないようにする。新しいことを論じたい場合には本論のなかに組み込もう。

3. 評価(論議)

　結論の最後に、全体の議論を客観的に評価する「評価」を入れる場合もある。結論をより広い文脈から第三者的に評価したり、論じ残された課題や問題点を指摘したりする。

　しかし、評価はあくまで主観的な感想を述べるところではないことに注意しよう。レポートでは、評価を加えずに、結論で完結させたほうがよい。

構成の順序

　以上がレポート・論文の最も基本的な構成法である。
　レポートの内容の構成順序は、

　　　A型「序論→本論→結論」

が基本であるが、理科系などの分野では、

　　　B型「概要（結論）→序論→本論→〔論議〕」

という順序もありうる。最初に概要のなかで全体の要約と結論を述べてしまい、その後に、「序論→本論」と続けるやりかたである。どちらの方式になるかは各分野で異なるので、専門の先生に聞いたほうがよいだろう。

　卒業論文以上の長い論文や著作では、構成は以下のようになる。本文（序論－本論－結論）以外の部分の位置づけに注意してほしい。

① 目次
② 本文（序論－本論－結論）
③ 付録：資料・補論など
④ 参考文献表
⑤ 索引
⑥ 謝辞

① 目次では、目次自体も含めて、文中のすべての項目に番号とタイトルをつけて、そのはじまるページ数をつける。レポートのような短い論文では不要。
② 上述のとおり。
③ 付録では、あまりに詳細だったり量が多すぎたりして、本文中に組み込めなかった資料や実証的データ（実験結果、社会調査結果など）、証明式の詳細、図・グラフ・表・絵、必要だが長い引用や傍証、派生的な議論をつけ加える。これらのものが特にない場合には、つける必要はない。
④ 参考文献表は、利用した文献や資料に関する書誌情報の一覧のこと。参考文献表と引用の書きかたは本章4節を参照のこと。レポートでも参考文献表をつける必要がある。
⑤ 索引は、重要項目や人物名について本文中で言及したすべてのページ数を示すものである。通常、項目索引と人物索引は区別し、項目索引は五十音順、人物索引は五十音順ないしアルファベット順に並べる。レポートでは不要。

⑥ 謝辞は、研究調査や執筆、出版にあたって重要な協力や助言を与えてくれた人物や組織などに対して謝意を表するところである。実験や調査で協力してくれた人や組織があった場合には、レポートでも謝辞を書いておく。

分量

全体の分量の配分は以下をだいたいの目安にすること。ただし、注と参考文献表はこの割合に含めない。

序論：10〜15%
本論：70〜80%
結論：10%程度

大学のレポートなどで字数を厳密に指定された場合は、字数厳守。たとえば、「4,000字以内」といわれたら、3,600〜4,000字に収める。「4,000字程度」と指定された場合には、4,000字プラスマイナス10%をめどにする。

注や参考文献表、表題部（タイトルや執筆者の氏名、提出日などを書いた部分）を指定字数に含めるかどうかは、指示によって異なるので注意すること。

2　レポート・論文を書く準備

論文を書くときの一般的注意

　これまでレポート・論文の構成面・形式面について説明してきたが、以下では実際にレポート・論文を書く方法を説明する。
　まず、論文を書くときの一般的な注意を述べる。

1｜文章単位の階層

　論文・レポートを書くときは、文章全体を以下のような階層に分割しなければならない。単位は、上位から「全文」「部」「章」「節」「パラグラフ」「文」となる。
　部は、著作や博士論文のようなかなり長い文章の場合に用いる単位で、通常、卒業論文までは、章と節の分類で十分である。
　それぞれの階層は、内容的・分量的に同格のものでなければならない。たとえば、ひとつの章があまりに分量的に大きく、内容的にも他の章と比べて包括的だったりするのはおかしい。
　また、各章と各節には、番号とタイトルをつけて内容を示す。たとえば、「第2章　安楽死を容認する国々の現状」として、その下位に入る節が、「第1節　オランダの安楽死法とその現状」「第2節　ベルギーの安楽死法とその現状」などといったようにである。

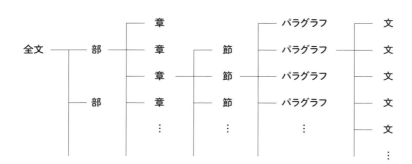

2 | パラグラフを中心に書く

　論文を書くときには、文ではなく、常にパラグラフをひとつのまとまりとして考えよう。パラグラフとは段落(文段)のことで、形式的には、ひとマス下げて区切りをつけられた文の集合である。内容的にいえば、ひとつのパラグラフで、ひとまとまりの一貫した話題や考えを表現する。話題を変えたり、別の考えを導入したりするときには、パラグラフを変える。

　パラグラフを書くときには最初に中心となる文章を決めておこう。読み手から見て、要約しやすいパラグラフがよいパラグラフである。

　通常、パラグラフは200〜400字程度をめどにして書く。

3 | 接続表現に注意して論理的に書く

　論理とは正しい推論のことをいう。文と文が正しい推論によって導かれた文章は読みやすく、理解しやすい。論文を書くときには、それぞれの文同士がどのようにつながっているか、パラグラフ同士がどのようにつながっているか、自分で分析しながら書くべきである。

　そこで重要なのは、文と文をつなぐ接続表現を注意深く使い、自分の考えを分析しながら文章を書くことである。特にパラグラフを変えた冒頭の文章では、前のパラグラフとの関連を示すため、ややくどいくらいに接続表現を使って内容の関係性を明確にしたほうがよいだろう。

　接続表現は以下のように分類できる(野矢1997参考)。

・順接：先の主張を保持し、それをふまえて次の主張がなされる接続関係
　(a) 付加：主張をつけ加える場合
　　　例：しかも、さらに、加えて、なお、かつ、むしろ、そのうえ
　(b) 解説：それまでの内容を要約したり、詳述したり、いい換えたりする場合
　　　例：すなわち、つまり、要するに、要約すれば、いい換えれば
　(c) 論証：理由と帰結の関係
　　　例：なぜなら、というのも、その理由は、よって、したがって、それゆえ、だから、……ので、……から
　(d) 例示：具体例による解説、あるいは論証
　　　例：たとえば、その例として、具体的には

・逆説：議論の流れを変え、それまでの主張を修正・制限したり、対比的に別の主張を導入したりする接続関係
　　(e) 転換：ある主張の後で、それに対立する主張に乗り換わるような場合
　　　　例：だが、しかし、ところが、けれども、にもかかわらず
　　(f) 制限：前の主張に制限を加える場合
　　　　例：ただし、もっとも、だが、しかし、とはいえ
　　(g) 対比：前の主張と対比する場合
　　　　例：一方、他方、それに対して、ところで、反対に

4｜実証性に注意して書く

　論文は、真理と善の追求が目的である。風聞や独断、偏見、ステレオタイプの意見、憶測にすぎないものの断定、思い込みなどは、真理と善の追求を阻むものである。特に事実命題に関しては、実証的データを証拠として提示する態度が重んじられる。

　しかし残念なことに、人文・社会科学に関する事実命題については、何の社会調査にも引証にも基づかないで、個人的経験や印象、マスコミからの風聞をもとにして決めつける態度が、大学の教員や知識人の間にも横行している。ある分野の専門家だからといって、何の知識もないはずの他の分野に関しても無責任なコメントをマスコミに垂れ流している。私たちは、こうした真理や善の追求からかけ離れた態度に惑わされず、それに加担もしないように注意すべきである。

5｜事実と意見の区別

　事実と自分の意見は、読んでいる側から見て、はっきりと区別できなければならない。たとえば、「①タバコは健康に有害である。②ゆえにやめるべきだ」という場合、①は事実で、②は価値に関わる自分の意見（価値命題）である。

　他人の意見、たとえば、何らかの著作から引用してきた意見は、「著者Aは、"タバコはそれほど有害性がない"と考えている」というひとつの事実である。事実命題については、その根拠となる証拠（データ）を示す必要がある。著者本人の著作から引用することは、「著者Aはこう考えている」というひとつの証拠（データ）である。そして、それは自分の意見ではないので、自分の意見からはきちんと区別すべきである。

6 ｜ 文書執筆の倫理

　一般的な注意のなかで最も重要な点は、文書を執筆するうえでの倫理である。倫理はあらゆることに優先されるので、細心の注意を払うべきである。

　レポート・論文を作成するときにも、他人の権利との衝突を避けるために、各人が守るべき最低限のルールがある。知的財産権、個人情報の保護、個人の誹謗中傷、差別的発言などについて十分注意する必要がある。

　大学生は知的財産権に疎いことが多いが、レポート・論文を書く場合でもこの権利を侵害してはならない。知的財産権には、著作権・出版権・版面権（著作などの複写・複製に制限を与える権利）があり、著作権は出版物のみならず、音楽・演劇・映画・写真・絵画・建築・コンピュータソフトなど創作されたあらゆるものに認められ、それが創作された時点で生じる。著作権は財産権であり、それへの侵害は故意過失を問わず法的罰則の対象となり、被害者は損害賠償請求ができることを知っておこう。

　レポート・論文を書くときには以下の非倫理的行為に気をつけなければならない。まず、剽窃は厳禁である。剽窃とは、盗作（plagiarism）のことで、他人の創作物や考えなどを自分の作として発表することである。他人のレポートの剽窃は、試験のカンニングと同じ処罰対象である。また、自己剽窃、すなわち、同じ内容の自分のレポートをたらいまわしにして、他の講義のレポートに使うことも剽窃の一種であり、絶対におこなってはいけない。

　レポートや論文がうまく書けなかったことは恥ずべきことではない。自分のために次はもっと努力すればよいだけである。誰もあなたを責めない。これに対して、剽窃は犯罪である。大学を出ることによって、人は大学卒業という資格を得る。その資格によって企業や公共団体に就職ができ、法律家や税務家の資格を取ることができ、大学を出ていない人との間に給料に差ができる。こうした差別が許容されるのは、確かな知識を身につけ、一定の能力を習得して実力を得たと見なされているからである。剽窃はこれらについて詐欺を働き、人々に害を与えているのである。

7 ｜ 引用のしかたと剽窃

　テキストや参考文献などの著作物からの無断引用も剽窃であり犯罪である。著作権を保護するためには引用・参考（間接引用）の典拠をはっき

り示す必要がある。引用とは、著作から字句を変えずに原文のままに引くことであり、参考とは、著作の内容をまとめて、自分の言葉に置き換えて引くことである。

　引用の場合には、どこが引用部分かがわかるように、カギ括弧（「　」）で引用の最初と最後を括って、注をつけて引用箇所を示す。参考の場合にも、どこからどこまでが参考部分なのか示さなければならない。参考文献を巻末にリストアップさえすれば、あとは読んだものを自分の言葉に書き直せばよいと思い込んでいる学生も見受けられるが、これは認められない。どこが引用部分かがわかるように書いて、自分の意見と他人の意見を区別しなければならない。

　出典を示さない引用・参考はもちろん不正であるが、出典を明らかにする意図はあっても、出典の示しかたが不確実・不正確になってしまってはいけない。正確な出典情報を示すように気をつける。また引用はあまり長くなったり、過多であったりしてはいけない。引用は長くても200字（ワープロで3〜5行）程度に収めること。多すぎる引用は、剽窃の手前の行為である。引用は、くり返し言及したい表現、重要な主張や概念、正確に参照すべき言明やデータの場合に限って、それが確かに著者（あるいは著作）に帰属していることを証明する一種の証拠品のように短く提示する。

　レポートや論文の性質にもよるが、仮に自分の言葉でまとめ直しても、他人の意見の参考は、レポート・論文の全体量の半分を超えるようであってはいけない。逆にいえば、自分自身で考え、書いたことが全体の半分以上にならなければならない。量だけでなく、主となる主張部分のアイディアは自分のものでなければならないし、重要なデータについては二次利用にならないように注意すべきである。

　くわしくは、本章4節「注、引用・参考文献表の書きかた」を参考にすること。

　また、近年、インターネットなど情報テクノロジーの発達が著しいが、それに伴い情報を悪用しない強い倫理観が求められている。情報化社会において各人が守るべきモラルは、情報倫理と呼ばれる。情報倫理は、おもにプライバシーや知的財産権、個人情報の保護、個人の誹謗中傷に関わる。

　インターネットは自由な発信の場であり、逆にいえば、インターネット上の情報のなかにはレポートや論文の参考資料としては使うことの

できない信用度の低いものがたくさんある。

インターネット上の情報で利用してよいものは、大学が発信する情報、学会など学術団体が発信している情報、国家機関や地方自治体などの公的機関が発信している情報、新聞やテレビ局などのマスコミが発信している情報など、信頼できる機関からの情報以外使用してはならない。いずれにしても、インターネット上の引用をする場合は、情報の信憑性に注意を払い、必ず引用したURLと日付を注に明記すること。

また、いうまでもなく、インターネット記事を、切り貼りしただけのレポート・論文は、悪質な剽窃である。

レポート・論文作成の流れ

さて、いよいよレポート・論文を実際に書く過程を説明する。

大学に入ると、さまざまな講義でレポートの提出が求められるが、多くの新入生はレポートの作成を実に安易に考えている。いくつかの本やインターネット記事から切り貼りをしたやっつけ仕事は、レポートとして評価されないばかりでなく、著作権を侵害している犯罪行為であることを自覚しよう。実際、まともなレポート、さらには卒業論文のようなもっと長い論文を書くには、計画が必要である。

以下が、レポート・論文を書くときの標準的なステップである。

① 課題（テーマ・設問）の出題
　　レポート課題が出される、あるいは、論文執筆の意図をもつ
② 資料収集・速読・資料まとめ
　　テーマに関連した必要な資料（文献、実証的データ）を収集し、それを速読して知識を得て、調べた内容を使えるようにまとめておく
③ 問題設定
④ 基本となる立論と議論作り
⑤ アウトライン作り
⑥ 下書き
　　②〜⑤の内容をふまえて、草稿を書く
⑦ 査読と修正
　　誰か他の人に下書きを読んでもらい、講評に応じて修正すべき

ところを修正する
　⑧ 清書と提出
　　　形式を整えて清書して、提出する

　これらのステップがかなり煩雑に思えたとするならば、あなたはレポート・論文を書くという作業をこれまで軽く考えすぎていたのである。
　②については、第1章2節で説明した。①および⑥〜⑧については、読んで字のごとくなので説明を省くことにする。なお、⑦の「査読と修正」については、通常の講義で課されるレポートでは、それをやる時間がないかもしれない。しかし、卒業論文以上の論文、特に学会などに提出する論文には、必要不可欠なステップである。
　次節では、大学の初学者を想定して③〜⑤について説明する。

3 レポート・論文をまとめる

問題をどう設定するか

　レポート・論文はある一定のテーマについて書かれるものである。あなたが、期末レポートを準備しているにせよ、卒業論文を準備しているにせよ、テーマそのものがまったく思いつかないということはないだろう。先に述べたように、レポートの場合であれば、そのテーマは講義内容や指定されたテキストに関連しているはずであるし、テーマを自由に決められる卒業論文であっても、自分の指導教員の専門やゼミナールの内容などと関連して研究したいテーマをすでにある程度は決めているはずだからである。レポート・論文の大枠は、こうしたなかでおのずと決まってくるであろう。

　しかし問題はここからである。レポート・論文のテーマを決めても、そこから何をどのように書いたらよいのか五里霧中になってしまうのではないだろうか。

　くり返しになるが、テーマを決めただけでは、まだ論文執筆の端緒についたことにすらならない。自分が本当に関心をもっていることは何なのかを明確にしながら、能力や時間などの制約に照らし合わせて書くべきことを相当に狭く限定していかねばならない。テーマの範囲を絞り、論文のかたちにまとめられるような問題を設定してゆくことが、レポート・論文にとって最も重要な過程であり、これこそが、書きなれていない者にとって最も難しい部分なのである。

　講義で要求されるレポートにしても、先に述べたように、「講義で論じた○○のテーマについて自由に論じなさい」といった漠然とした設問を与えられることがしばしばである。このように大きなテーマでは、何をどのように論じたらよいかもわからない。こうした設問によって教員がどのような論述を期待しているのかを考えて、テーマを絞り込まなければならないのである。

　そこで以下では、グループ・ディスカッションを通して、テーマを絞ってレポートの問題設定をする方法を紹介する。ここでのグループ・ディスカッションは、ケースメソッドのやりかたを応用している（バーンズ, ク

リステンセンとハンセン1997参考)。

1. 3〜4人のグループを作り、レポート・論文のテーマに関して重要と思われる文献を選び出し、各人が事前にそれを読んでくる
2. その際には、批判的読解をして問題になる箇所を指摘しておくと同時に、「自分の気に入った箇所、嫌いな箇所」「掘り下げるべき重要な主張」「自分の主張(反論)したい点」を、各人がいくつか挙げておく
3. グループで集まったら、各人が批判的読解から生じる疑問をみなに示し、納得がゆくまで他のメンバーから説明してもらう
4. 「自分の気に入った箇所、嫌いな箇所」「掘り下げるべき重要な主張」「自分の主張(反論)したい点」について話をして、他のメンバーから質問を受け、意見を聞く。他のメンバーたちは、発表者の主張に対してさまざまな質問をして、発表者の思考が深まるように誘導する。発表者は、自分が聞きたい点を他のメンバーに尋ねる
5. いったん考える時間をおき、各人が自分の追求したい問題、あるいは主張したいことをまとめる
6. 再びグループ・ディスカッションをおこない、どのような問題を、どのような方法で追求し、どのような文献や資料を調べていったらよいかについて意見を交換し、相談する
7. ディスカッションの結果を受けて、各人が自分の問題設定とそれを追求するための方法をまとめる

以上の方法は、なかなかひとりでは着想しにくい問題設定を、集団の議論のなかで形成しようとするものである。これは、ひとつの文献についての素朴な印象や疑問を語り合うことからはじめて、質疑や意見交換を通して自分自身の考えや立場、問題意識を明確化し、さらに何を調べて、考えてゆけばよいかを集団的に確かめてゆく過程である。

これは「ケースメソッド」と呼ばれる方法を応用したものである。ケースメソッドとは、具体的な事例について討論することで、自分の意思決定とその根拠づけを定式化・明確化してゆく方法である。この方法は、アメリカの法学や医学、経営学、臨床心理学など実践的な専門家を養成する分野で普及している。この方法の特徴は、ある事例分析や文献分析に

おいて、何が問題であるかがあらかじめ明示されることはなく、問題そのものを発見することがきわめて重要な課題とされていることである。

問題設定のなかには、その問題にどのように解答すればよいかが、すでに青写真のように透けて描かれている。したがって、既存の問題に正答することを目指した教育からは、なかなか独創性は育たない。新しく革新的な考えは、問題設定を新たにするところから生まれるからである。レポート・論文を書く過程においても、問題発見そのものを重視する教育が望まれる。

あるいは、論文というよりも講義レポートを作成するときに、上記の方法がやや手間取りすぎ、本格的すぎると思えたならば、以下のような簡略なディスカッションで問題設定を考えてもよいだろう。

1. なぜ、このテーマと設問でレポートが課されたのか、その意図と背景を議論する
2. このレポートで、何と何について論じたらよいのか、論じるべきトピック（小課題・小テーマ）をいくつか互いに提案する
3. そして、なぜそのトピックについて書く必要があるのか、それぞれ理由づけを考えて、レポートの一貫性について議論してみる
4. それをどのように調べたらよいか、どんなタイプの文献を見つければよいか、トピックは十分に限定されていて期限内に調査が間に合うかどうかなど、具体的な方策について意見を交換し合う

課題1
・3〜4名のグループで、講義レポートについて上のようなディスカッションをしよう。
・与えられたテーマや設問によってどのような解答が求められているかを考えよう。
・それぞれ、章のタイトルとなるような論じるべきトピックを三つ挙げよう。
・なぜ、そのトピックを論じる必要があるのか、理由を明示しよう。

本論の構成法

それでは、レポート・論文の本体をなす本論はどのように構成したら

よいのだろうか。

　先に述べたように、本論は、最終的な結論へと至る議論を展開し、自分の主張を論証していく過程である。まず、本論では、自分の主張を立論し、必要な理由と証拠（データ）を提示しながら主張を論証していく。たとえば、以下の例のように、自分が「安楽死は一切許容できない」という主張を立論するのであれば、そのための根拠、つまり「なぜ安楽死が許容できないのか」の理由を論理的に説明し、さらに、それに関連する事実、たとえば安楽死をすでにおこなっている国や地域に生じている問題点をしっかりした典拠や調査をもとにして証拠（データ）として提示する。ここでは、自分のよって立つ理由が何であるのか、その価値観を自覚して明示する必要がある。

　このようにまず本論では立論をする必要がある。しかし、立論とはいわば自分の立場からの一方的な論証である。それだけではレポート・論文としては不十分であり、そこに「議論」を加える必要がある。議論とは、自分の立論を批判的に、距離を置いて検討する過程のことである。いったん議論を経て、異なった立場や反対の立場から吟味されることによって、立論はさらに確かな説得力のあるものとなる。議論は、単に根拠を示すだけではなく、自分の主張を多角的に検討してさらに堅牢なものとして提示するところである。その検討には、次の二つの代表的な方法がある。

1｜代替案との比較

　自分の主張とは異なった立論（これを「代替案」と呼ぶことにしよう）を自分の主張と比較検討し、自分の主張が代替案よりもよいと示す。ありうる代替案よりも優れていることを示して、自分の主張をより説得力あるものにする。たとえば、「安楽死を日本でも法的に認めるべきか」という論題についてであれば、「安楽死を一定の条件の下で、法的に認める」という代替案よりも、自分の主張する「安楽死は一切許容できない」という案のほうが優れていることを示す。

　あるテーマについて関連する論文を速読し、さまざまな主張を検討してから自分の主張を立論すれば、その選択をおこなった過程を示すことによって代替案との比較ができる。たとえば、問題として「安楽死を日本でも法的に認めるべきか」を選んだ場合には、「許容すべきである」という立場を代表する著作や論文を要約し、批判的に読解しておく。次にそ

の反対の「認めるべきでない」という立場を代表する著作や論文について同じことをおこなう。その二つの中間的立場や調停するような立場があるかどうかを調査して、やはりその考えをまとめておく。これらを比較検討して、自分の立場を決定するとよい。もちろん、それらのどれでもない独自の立場を打ち出すこともよいだろう。

そして、その過程を、たとえば、以下のようにそのまま本論の章構成にすればよい。

〔序論〕第1章　安楽死を日本でも法的に認めるべきか（問題設定）
〔本論〕第2章　安楽死を容認する国々の現状──その法律と制定理由
　　　　第3章　安楽死を批判する倫理学説
　　　　第4章　消極的安楽死のみを認める立場
　　　　第5章　積極的安楽死は認められるべきか
〔結論〕第6章　消極的安楽死は認められるが、積極的安楽死は許容できない

2｜反駁

反駁とは、自分の主張に加えられた批判や反論に対して再反論して、自分の立論を擁護することである。批判や反論を退けることで自分の立論はより強固なものになる。

たとえば、自分の主張が「安楽死は一切許容できない」というものであったら、これに対してありうる批判や反論を想定してみる。その主張の根拠が、「結局、安楽死とは自殺である。それを医学的に手助けすることは自殺幇助（ほうじょ）にほ必ず、それを法的に許容するのは自殺教唆に等しい」というものであるとする。

これに対して、「あなたは自殺を悪と暗黙のうちに最初から決め込んでいるが、それは本当であろうか。本人にとって死よりも劣る生存があるのではないか。現代医療では、患者がひどく苦しんでいるのに、専門家たちと彼らが使う機器が死を無理やり引き延ばしているのであり、それは死よりも悪いものである」という批判がありうる。あるいは、「安楽死は、慎重な医学的判断と弁護士の立ち会いのもと、一定の条件の下で認めるべきである。安楽死が許容されるべきなのは、死も自己決定の対象だからである」「ある国ではすでに安楽死は法制化されているが、それによって大きな社会的問題は生じていない」といった反論がありうる。

批判に対しては、批判が該当しないことを示す必要がある。つまり、「死よりも劣る生存があるのではないか」という批判に対して、「苦痛を緩和する手段は以前にも増して向上している。安楽死は生から死に至る期間を取り払うことによって苦痛を和らげることを目的としているが、苦痛という問題を解消するのに苦しんでいる人そのものをなくそうとしている。"死よりも劣る生存がある"というのは一種の言い訳である」という反駁が可能であろう。

　「安楽死は一定の条件の下で認めるべきである」という反論に対しては、その根拠(死の自己決定権)を批判できるであろう。「人の自発的な死は、家族や友人のような周囲の人々に無力感を与え、普通の死よりも心理的な負担を与える。そうしたことが自己決定の原則だけで済まされるべきではない」といった批判が可能である。反論に対しては批判や再反論を加えて退けることができる。

　あるいは、批判に対して、「苦痛緩和が最大限になされても、なお耐えられないような苦痛が続くようなときには、治療を抑制するか停止することにより患者が死んでゆけるようにする消極的な方法(消極的安楽死)に限り許容できる」といったように自分の主張に制限や限定を加えることで立論を維持することも可能である。制限や限定は、「苦痛緩和が最大限になされても、なお耐えられないような苦痛が続くようなとき」といった保留条件を明示すべきである。

　以上をまとめてみよう。
　本論で展開する議論には、まず自分の立場の立論が含まれなければならない。立論は、主張と根拠(理由と証拠)の提示からなる。立論はなるべく自分の隠れた根拠を自己分析し、つまびらかにする。

　さらに、立論を強固にするために自分の主張とその代替案(異論)を比較検討するとよい。もちろん、テーマや設問に関係するさまざまな立場を検討したうえで、自分の立場や主張を決めるべきであり、比較することは、いわば、自分の立場決定の過程を明示化することである。

　反駁は、自分の立論への批判や反論に答えることである。批判や反論については、ディベートを実践することがきわめて有効である。他人とのコミュニケーションは、自分ひとりでは気づかなかった立論の問題点を明らかにしてくれる。「第4章　ディベートの方法」を参考にしよう。

> **課題2**
> ある問題についていくつかの立場や主張を調べ、それぞれの主張の妥当性や問題点についてグループで検討しよう。

アウトラインの作成

　レポート・論文は必ず、章ごとに内容を要約したアウトライン（あらすじ）を作ってから書くべきである。アウトラインは建築物でいえば設計図にあたり、以下のように表にして書くとよい。

第1章　序論
テーマの導入：安楽死問題の医療問題としての緊急性
問題の設定：安楽死を日本でも法的に認めるべきか
→なぜこれを論じるのか：日本で続く安楽死裁判、認める国の増加
結論の提示：消極的安楽死のみを認めるべきである。だが、積極的安楽死は倫理的に問題がある
議論展開の予告

第2章　安楽死を容認する国々の現状──その法律と制定理由
問題：安楽死を実行している国の法律はどうなっているか。どのような理由と経緯で制定に至ったのか
→　オランダ、ベルギー、アメリカの例を取り上げる
資料：A氏著『安楽死を認めている国々』、B氏著『アメリカの安楽死裁判』

第3章　安楽死を批判する倫理学説
問題：安楽死を批判している人々はどういう理由から反対しているのか
→　倫理学者C氏、医学者D氏、障害者団体代表E氏の意見を要約し、批判的読解
資料：C氏著『生命倫理学』、D氏著『ターミナル・ケアの現場から』、E氏著「安楽死への危惧」『現代の福祉』所収

第4章　消極的安楽死のみを認める立場
問題：安楽死賛成論と反対論を仲裁するような主張はあるか

→ 積極的な介入はしないが、消極的な治療停止は認める医師の見解をまとめる
資料：F氏著「消極的安楽死と積極的安楽死の相違」『医療の倫理』所収

第5章　積極的安楽死は認められるべきか
問題：自分としては上の立場のなかでどれを支持できるか
→主張：F氏の立場を基本的に支持。条件を明示する
根拠：F氏が提示したものに加えて、第3章でのC氏、D氏、E氏
反駁：安楽死賛成のA氏の意見とB氏の意見に対して、それぞれ自分で反駁を考える

第6章　結論
全体の要約とまとめ
結論の明示：消極的安楽死のみ倫理的に認められる。理由をもう一度明示する
評価と今後の課題：具体的にどのように法令化するかは論じられなかった

　本論を構成する章が相互にどのような論理的関係にあるか分析しておく。
　この例では、第2～4章までは、安楽死をめぐる賛成論と反対論の提示となり、第5章でそのなかでどれが支持できるか議論している。よって、第2～4章までは接続詞でいえば、「または(or)」の関係にあり、第5章はその選択肢のなかで、それぞれの短所長所を比較し、どれを選択すべきか判断する部分になっている。

> **課題3**
> ・ひとつのテーマについて、各人がアウトラインを作り、それでうまくまとめられるかどうか検討し合おう。特に本論での議論に関して、相互に批判的な質問や反論をしよう。
> ・グループでディスカッションした後に、他の人から受けた質問や指摘、反論に答えるようにしよう。①立論に、より多くの強い理由と証拠が必要だろうか。②異論と比較検討して、自分の主張のよさをもっとアピールすべきだろうか。③気がつかなかった批判や反論に対して反駁を考えよう。大きく修正すべき点があるだろうか。

査読と修正、提出

　以上の過程を経て、本論のアウトラインを作ってから、下書きにかかろう。書いている途中で、論じなければならない点や、もっと調査が必要な点、文献を調べて引証を増やしたほうがよい点があるかもしれない。そうした場合には、アウトラインの修正が必要である。

　しかし、修正は時間との競争である。あまりにたくさんの調べ直しが必要だったり、追加の文献を数多く読まなければ書けないことがわかったりしたら、その部分は今回のレポート・論文で書くことは断念したほうがよいであろう。

　学生は多くの場合、論じる内容を手に負えないほど大きなものにしてしまいがちである。信頼できる確かな内容にするためには、それだけ議論を絞り込まなければならない。欲張りすぎたレポート・論文は失敗する。そして、自分で議論に限定を加えたり、調べたい部分を断念したりした場合には、その点を「結論」の評価の部分で論じておくとよい。あるいは、「序論」でそうした点について触れておいてもよい。

　そして先に述べたように、下書きした後に、誰か自分の書いた内容を評価できる人に読んでもらい、問題点や修正すべき点を指摘してもらうとさらによい。卒業論文以降の論文や、学術雑誌に投稿予定の論文は必ず指導教員や大学院生などに査読してもらうべきである。

　最後に提出する前に、引用や参考文献表、表題部（氏名や所属、講義名、論文タイトル、提出日などについて書かれた部分）などの形式的な表記が正確にできているかどうか、誤字や脱字などがないかどうか、手書きの場合には丁寧に書けているかどうか（字を汚くぞんざいに書いて得をした人間はいない）をチェックして提出しよう。

　論文の末尾には必ず字数を明記しよう。特に字数制限があるときにはそうすべきである。

　きちんと期日までに提出したことを示すために、表題部には、氏名や所属、講義名、論文タイトルなどに加えて、提出日を明記しよう。

　オリジナルを提出するが、手もとにコピーをとっておくことを忘れないようにしよう。

課題4

自分のレポートを2～3部コピーして、グループのなかで交換して、別紙のレポート評価票を使って互いに評価し合ってみよう。教員がどのような点を見てレポートを評価しているか、実感できるはずである。

レポート分析シート：このシートを使って互いのレポートの構造を分析しよう

序論 ・テーマ ・問題
本論 ・主張① 「　　　　　　　　　　　　　　　　　　　　　　　」 　その理由・証拠 「　　　　　　　　　　　　　　　　　　　」 ・主張② 「　　　　　　　　　　　　　　　　　　　　　　　」 　その理由・証拠 「　　　　　　　　　　　　　　　　　　　」 ・主張③ 「　　　　　　　　　　　　　　　　　　　　　　　」 　その理由・証拠 「　　　　　　　　　　　　　　　　　　　」 ・主張④ 「　　　　　　　　　　　　　　　　　　　　　　　」 　その理由・証拠 「　　　　　　　　　　　　　　　　　　　」 ・ 主張①～④の論理的関係性　　順接（付加、解説、論証、例示）か、 　　　　　　　　　　　　　　逆接（転換、制限、対比）か
想定された反論 ①　　　　　　　「　　　　　　　　　　　　　　　　　　　　　」 　それに対する反駁 「　　　　　　　　　　　　　　　　　　」 ②　　　　　　　「　　　　　　　　　　　　　　　　　　　　　」 　それに対する反駁 「　　　　　　　　　　　　　　　　　　」 ・
結論 ・ ・ ・

レポート評価票

評価者　クラス_____　番号_____　氏名_____
レポート執筆者名（_____）
総合判断　優　良　可　不可

① 執筆の倫理　　問題ありなら不可

・執筆の倫理が守られているか。
　問題ない　　問題あり(理由_____)

② 形式面　　40%

・序論・本論・結論が正しく構成されているか。
　正しくできている　　あまりできていない　　できていない

・引用のしかたが正しいか。
　正しい　　あまり適切でない　　不適切

・参考文献表・注が正しくつけられているか。
　正しい　　あまり適切でない　　不適切

・字数その他の約束が守られているか
　守られている　　守られていない(理由_____)

③ 内容面　　40%

・論理的か(接続表現は正しいか)。
　たいへんよい　　おおむねよい　　不適切な箇所がある　　不適切な箇所が多い

・立論は妥当か(意味規定は正しいか、理由は妥当か、必要な証拠が挙げられているか)。
　優　　良　　可　　不可 (不可の理由_____)

・全体の論旨に一貫性があるか。
　首尾一貫している　おおむねよい　あまり一貫していない　まったくまとまりがない

・結論は明示されているか。
　明確だ　　あまり明確でない　　何がいいたいのかわからない

・発想は独創的か。
　他で見られない発想がある　　自分の考えで書けている　　どこかで見たような内容だ

④ 表現面　　20%

・文章は読みやすいか。
　優　　良　　可　　不可(不可の理由_____)

・誤字・脱字はないか。
　問題ない　　目について気になる

・手書きの場合、丁寧に書かれているか。
　丁寧だ　　あまり丁寧でない　　字が汚くて読む気がしない　　読めない

4　注、引用・参考文献表の書きかた

注とは何か

注は、次の二つの場合につける。

① 出典の提示
　文献や資料から引用したり、参考したりした場合に、その出典を示す。
② 本文内容の補足
　本文に入れると論述の流れを遮ってしまう恐れのある派生的議論、補足的説明、資料提示などをおこなう。

　注は、本文中の注を入れたい箇所に記号(番号)をつける注記号と、その注の内容(たとえば、引用の出典を示したり、補足的説明をしたりするなど)を書く注欄からなっている。
　注にはさまざまな形式があるが、代表的なのは、そのページのいちばん下に注欄をつける脚注(footnote)と、各章の後か本文全文の後に入れる後注(巻末注ともいう、endnote)、参考文献表を最後に作って、それに対応する略号を本文中に入れてしまう文献対照注の3種類である。
　注の作りかたにはさまざまな方式があり、各学会や分野によって採用している方式が異なっている。いわば、ローカル・ルールが乱立している状態であって、どれかひとつが正しい書きかただとはいえない。卒業論文など専攻の区別が重要な場合では、論文指導の教員に注と参考文献表の書きかたの指導を受けたほうがよいだろう。
　以下、本書で紹介するものは最も簡略と思われる方式であるが、あくまでひとつの方式にすぎないことに注意してほしい。

補足注のつけかた

　本書では、上の① 出典の提示と② 本文内容の補足で注のつけかたを

分けることを推薦する。
　まず②の補足注については、本文中に注記号をつけ、注欄を後注にすることをすすめる。脚注は手書きでは書きにくく、ワードプロセッサを使った場合には、ファイル形式の変換の間に誤って消えてしまうことが多いからである。

・**本文中の注番号のつけかたは以下のようにする**
　　例：注のつけかたにはさまざまなやりかたがあるので注意が必要である[1]。しかし、英語で論文を書くときには、MLA方式かシカゴ方式がポピュラーである[2]。

・**対応する後注欄は以下のように書く**
　　例：(1) 注の種類としては、割注、簡易注、頭注、脚注、傍注、後注、段落注、組み入れ注、文献対照注、別冊注があり、それぞれのサンプルを示すと……。
　　　 (2) MLA方式とは、アメリカ現代語学文学協会が推奨している方式のことで、英語文学や言語学の分野では……。

・**注番号は数字で通し番号にする**
　短い論文やレポートでは、すべての注番号を通し番号にする。卒業論文以降の長い論文で、章がいくつもあって全文を通し番号にすると三桁になってしまうような場合は、章ごとに通し番号にする。

引用のしかた

　もうひとつの出典の注は、何らかの著作物から引用したり、参考にしたりしたときに、その出典元を示すためのものである。
　まず引用と参考のしかたについて説明しよう。
　人文・社会科学系のレポート・論文では、しばしば著作物からの引用や参考が重要な役割を果たす。引用と参考は、権威のある主張、確かな調査に基づいたデータなどを参照することで自分の主張の根拠とするためのものである。よって、その出典は、信用のあるものでなければならない。信用あるとは、理由とデータに基づいた学術的な研究成果だという

ことである。

　引用とは、著作物から、原文のまま字句を変えずに内容を引くことである。参考とは、著作物の内容を自分なりに要約して引くことである。

　以下の点に注意する。

① 引用した文章は、一重カギ括弧(「　」)で囲む。
② 引用は短く、回数もあまり多くならないようにする。通常、3～5行以内に収めるべきである。長い引用で中略するときには、三点リーダー(…)を使う。
　　例：注の作りかたにはさまざまな方式があり、……論文指導の教員に注と参考文献表の書きかたの指導を受けたほうがよいだろう。
③ 引用は正確・厳密にする。内容の改変はもちろん、前後の文脈を無視した引用もいけない。
④ 引用文を強調したり、補足したりするときには注意書きをつける。
　　例：安楽死を法制化すると、かえって安楽死は減少する(強調は引用者)。
　　　→強調の傍点が原作者ではなく、引用者であることを示す。
　　例：アメリカ現大統領は、この法案〔尊厳死法〕に難色を示した。
　　　→補足説明は〔　　〕(キッコー)で囲む
⑤ 著作物を参考にする場合には、参考がはじまったことを示す文言を入れる。
　　例：ミシェル・フーコーによれば、近代的な主体という概念は……。
　　例：河野哲也は、引用は著作権保護のため正確になされるべきだと主張している。
⑥ 引用も参考も、それが終了した後に、必ず注をつけ出典を明らかにする。
⑦ 電子資料(インターネット上の情報、電子メール、CD-ROMなど)などを引用する場合にも、引用のルールを守り、出典を明示する必要がある。

出典注のつけかた

　著作物からの引用や参考には、必ず出典注をつけて典拠を示す必要がある。

　出典注をつける目的は二つある。ひとつは、先に説明したように、知的財産権の保護のためである。著作権は財産権であり、それへの侵害は法的罰則の対象となる。無断引用は犯罪である。もうひとつは、自分の主張を検証し追跡する機会を読者に与えるためである。いわば、手の内を明かすためである。

　出典注のつけかたもさまざまあるが、ここでは最も簡単な文献対照注の書きかたを紹介する。文献対照注とは、論文の末尾に参考文献表をつけ、それに対応させた簡略な注記を本文中に組み入れてしまうやりかたである。横書きの場合には次のように書く。

・引用のしかた
　　例：「しかし、講義の核心はあくまで、アイディアと情報を学生に伝えることにあります。どんなに華麗なスタイルと魅力あるプレゼンテーションであっても、講義内容が乏しく、学生の思考力を刺激しなければ何の価値もありません」（ブリンクリ他 2005: 59）。

　引用が長くなる場合は、行を空けて、インデントをずらし、文字のサイズを落として引用してもよい。その場合には、引用はカギ括弧で囲む必要はない。

　　例：ブリンクリ他は、大学で活用できるディカッションの方法について、以下のように指摘している。

　　　　しかし、講義の核心はあくまで、アイディアと情報を学生に伝えることにあります。どんなに華麗なスタイルと魅力あるプレゼンテーションであっても、講義内容が乏しく、学生の思考力を刺激しなければ何の価値もありません（ブリンクリ他 2005:59）。

・参考のしかた
　　例：ブリンクリ他の指摘するところでは、大学で活用できるディ

カッションの方法には、教師が質問や応答で話を盛りあげてゆく「ソクラテス流」と、学生同士が議論の調停をおこなう「セミナー」の二種類があるという。前者は大きなサイズのクラスでも可能であるが、後者は20名を超えない程度のクラスに向いているとしている（ブリンクリ他2005：第3章参考）。

・参考文献表の対応箇所
　　例：ブリンクリ, A. 他［1999］（2005）『シカゴ大学教授法ハンドブック』小原芳明監訳, 相原威他訳　玉川大学出版部．

　この表記方式では、「著者名（編者名）□発行年：引用頁・参考箇所」を本文中に組み入れ、参考・引用文献が複数あるときはセミコロン(;)でつなげる。
　ある著者が同じ年に複数の著作・論文を書いているときは、参考文献表に、あらかじめa、b、cなどの区別符号をつけておく。注では、たとえば、（河野1997a：15）などとしておく。

　以上のような引用・参考のしかたは簡単で、読者にもわかりやすく、注欄のために紙面を割く必要がなくなる。

・縦書きの場合の引用と参考のしかた
　もしも文章が縦書きなどで、コロン（:）やセミコロン が書きづらく、日本語表記として見苦しいと思ったならば、以下のように半角スペース分を空け、参考文献が複数あるときは読点（,）を使ってもよい。
　　引用例：「学生の思考力を刺激しなければ何の価値もありません」
　　　　（ブリンクリ他 2005 15頁）。
　　参考例：ブリンクリ他と河野はともに、後者は20名を超えない程度のクラスに向いているとしている（ブリンクリ他 2005 第3章参考, 河野 1997 40-50頁参考）。

参考文献表の書きかた

　文献対照注の書きかたでは、本文中にいま述べたように簡易な組み込

み注を使い、レポート・論文の末尾(索引を入れる場合には索引の前)に参考文献表をつける。
　参考文献表は、利用した文献や資料に関する書誌情報の一覧表である。以下の点に注意する。

① 著者名別に、和書は五十音順、洋書はアルファベット順に統一する。まず氏で順序をつけ、同姓の場合は名前で前後をつける。和書と洋書が混在する注は、避けたほうがよい。
② 全文献・資料を一括してまとめる統一文献表か、章ごとに使った文献を分ける章別文献表がある。卒業論文までのそれほど長くない論文は統一文献表がよいだろう。
③ インターネット上の情報、電子メール、CD-ROMなどの電子資料も欠かさずに参考文献表に入れる。
④ 記すべき情報は、著者名、刊行年、著書名(論文名)、訳者名(翻訳書の場合)、掲載雑誌名(雑誌論文の場合)、巻号数、発行所名、掲載ページ数(雑誌論文の場合)であり、これらをもらさず入れる。

・参考文献表の表記法
　表記法は以下のようにする。それぞれの項目について以下の点に注意。□は、半角スペース、ないし1マス空けるという意味。〔　〕(キッコー)は該当する場合のみ。

① 著者名ほか
　・敬称は不要。欧米語では著者名の後にピリオド(.)を入れる。日本語ではスペースを空けるだけで何も入れなくてもよい。
　・欧米の著者はアルファベットを使って表記するほうが便利である。
　・共著や共編著の場合、3名までの場合は全員の氏名を書き、4名以上の場合は最初の1名を書き、残りは「――他」と書く。
　・執筆者が複数いる刊行物(アンソロジー)の場合は、「――編」と、編者名のみ書く。
　・監修者と編者がいれば、「――監修□――編」とする。
② 刊行年
　・自分が引用・参考にした版の刊行年を(　)(パーレン、丸括弧)に

入れて記す。翻訳書の場合、オリジナルの刊行年を入れるときは、［　］で囲って（　）の前に入れる。
- 欧米語では刊行年の後にピリオド（.）を入れる。日本語ではスペースを空けるだけで何も入れなくてもよい。
- ひとりの著者が同じ年に複数の著作・論文を書いているときは、年数の後にa、b、cなどの区別符号をつけておく。たとえば、河野哲也（1997a）など。

③ 著書名
- 単行本名は『　』（二重カギ括弧）、論文名や新聞・雑誌の記事タイトルは「　」（一重カギ括弧）。
- 論文が収められている雑誌名は『　』（二重カギ括弧）。
- 副題もコロン（:）かダッシュ（——）で本題とつなげて書く。
- 欧米語の書名はイタリック体で書くか、ないしは下線を引く。ただし、どちらかに統一する。
- 欧米語では著書名の後にピリオド（.）を入れる。

④ 発行所名
- 出版社名を記す。日本語表記では発行所の前に刊行地を記す必要はない。外国語文献では、刊行地の後にコロン（:）を入れてから発行所を入れる。

　例：Oxford: Oxford University Press

⑤ 掲載ページ数
- 雑誌論文の場合、その論文が掲載されているページ数をコロン（:）の後に入れる。

表記の実例

・日本語文献の表記の実例

・単行本の場合
　著者名□［翻訳などの場合、オリジナルの刊行年］（刊行年）□『著書名』［巻数,］□［訳者名,］発行所名.
　例：ジェームズ,W.［1892］（1992, 1993）『心理学』上・下, 今田寛訳, 岩波文庫.
　　　米本昌平他（2000）『優生学と人間社会：生命科学の世紀はどこへ向かうのか』講談社現代新書.

・雑誌論文の場合
　著者名□［翻訳などの場合、オリジナルの刊行年］（刊行年）「論文・記事名」［□訳者名,］『雑誌・新聞名』巻号数: 掲載全ページ数.

例：河野哲也他（2005）「コミュニケーションと組織倫理の教育」『日本経営倫理学会誌』12: 205-216.
ストーン,C.［1972］（1990）「樹木の当事者適格：自然物の法的権利について」岡崎修・山田敏雄訳，『現代思想』18: 58-98.
高山俊吉（2007）「私の視点裁判員制度」『朝日新聞』2007年2月2日（朝刊16面）.

・アンソロジー所収の論文の場合
著者名□［翻訳などの場合、オリジナルの刊行年］（刊行年）「論文・記事名」，［□訳者名，］『書名』〔巻数〕，編者名，〔□訳者名，〕□発行所名．
例：鹿毛雅治（1998a）「個性重視と学校教育」『新しい教育課程と二一世紀の学校』山極隆・無藤隆編，ぎょうせい．
デリダ,J.（1996）「「正しく食べなくてはならない」あるいは主体の計算」鵜飼哲訳,『主体の後に誰が来るのか？』ジャン-リュック・ナンシー編, 港道隆他訳, 現代企画室.

・外国語文献の表記の実例

外国語文献の表記法は言語によってさまざまだが、以下では英語の表記実例を紹介する。これはあくまで表記法の一例にすぎず、各学問分野でそれぞれ異なる。くわしくは専門の先生に聞いたほうがよいだろう。

・単行本の場合
著者名＝氏,名のイニシャル・二人以降も同じ.（刊行年）.書名〔(巻数)〕□〔訳者名.〕発行地：発行所名.
例：Nowotny, H., P. Scott, P. & Gibbons, M.(2001). *Re-thinking science: Knowledge and the public in an age of uncertainty.* Cambridge: Polity.
Ricour, P.(1994). *Oneself as another.* Translated by K. Blamey. Chicago: University of Chicago Press.

・雑誌論文の場合
著者名＝氏,名のイニシャル・二人以降も同じ.［オリジナルの刊行年］（刊行年）.論文・記事名.〔訳者名.〕雑誌・新聞名.巻号数:掲載全ページ数.
例：Mauss, M.［1935］(1973)."Techniques of the Body." *Economy and Society.* 2: 70-88.

・アンソロジー所収の論文の場合
著者名＝氏,名のイニシャル・二人以降も同じ.［オリジナルの刊行年］（刊行年）. 論文・記事名.〔訳者名.〕In,書名〔巻数,〕編者名＝名のイニシャル・姓の順,掲載全ページ数.発行地：発行所名.
例：Oatley K.(1990). "Do Emotional States Produce Irrational Thinking?" In *Reflections on the Psychology of Thought, 2.,* Edited by K. J. Gilhooly et al., 121-131. Chester: John Wiley and Sons.

・電子資料の表記実例

・コンピュータ・ネットワークからの資料（電子ジャーナル、オンライン新聞・週刊誌、ネット上の電子テキストなど）の場合
著者名（刊行年）「論文・記事名」『雑誌・新聞名』巻号数,［発行所］:掲載全ページ数,オンライン,「文献・情報を閲覧した場所」,コンピュータ・ネットワーク名,URL（アクセスした日）．
例：金森修（2006）論文要旨「遺伝子改造の倫理と教育思想」『近代教育フォーラム』15:49-59,インターネット, http://www.p.u-tokyo.ac.jp/kanamori/RonYoshi.htm（2007/2/2にアクセス）.

著者名から掲載全ページ数までは、通常の学術雑誌や新聞などの参考文献表の書きかたと変わらない。その後に「オンライン」と書き加え、ネット上の情報を入れる。必ずアクセス日を入れること。

・それ以外のコンピュータ・ネットワーク上の情報
それ以外のネット上の情報を使った場合も、上の電子ジャーナルやオンライン新聞の表記のしかたに準ずる。引用する場合には、インターネットから情報を取得したことを注で明記し、少なくとも、

・著者名

・記事・論文名
・文献・情報を閲覧したネット上の場所(ホームページの名称など)
・使用したコンピュータ・ネットワーク名
・URL
・アクセス日

についての情報を記載すること。

- ブックガイド
・石黒圭 (2012)『この1冊できちんと書ける！ 論文・レポートの基本』日本実業出版社.
・河野哲也 (2002)『レポート・論文の書き方入門 第3版』慶應義塾大学出版会.
・酒井聡樹 (2006)『これから論文を書く若者のために 大改訂増補版』共立出版.
・鈴木敏恵 (2012)『プロジェクト学習の基本と手法──課題解決力と論理的思考力が身につく』教育出版.
・戸田山和久 (2012)『新版 論文の教室──レポートから卒論まで』NHKブックス.
・バーンズ,L. B.,クリステンセン,C. R.とハンセン,A. J. (1997)『ケースメソッド実践原理──ディスカッション・リーダーシップの本質』髙木晴夫訳,ダイヤモンド社.
・山口裕之 (2013)『コピペと言われないレポートの書き方教室──3つのステップ』新曜社.
・「『アカデミック・スキルズ』シリーズ」慶應義塾大学出版会.

第3章
プレゼンテーションの方法

人前で上手に話をするにはどうしたらよいか、
また、他の人のプレゼンテーションを
どのように聞けばよいかについて解説する。
この解説をもとにして経験を積むことによって、
人前で話すことが苦痛でなくなるだけでなく、
人の話を効果的に聞けるようになり、
よりよいコミュニケーションを体験できるようになる。

1　プレゼンテーションとは何か

プレゼンテーションとは

　プレゼンテーションという言葉を聞いたことがあるだろう。英語の"presentation"からきているが、日本語としても広く使われている。最近では「プレゼン」と、短くしていうこともよくある。すでに高校生時代に経験したことがある人もいるかもしれない。かつては商品などを使ってデモンストレーションをするというような意味で使われていたが、いまでは「人前で発表すること」全般を指す言葉として使われている。公の場におけるコミュニケーションを意味するパブリック・コミュニケーション (public communication) のひとつの形態である。プレゼンテーションというとプロジェクターなどの視聴覚機器を使いながら話をするというイメージがあるものの、本章ではスピーチをプレゼンテーションの同義語としたうえで論を進めていく。

　さて、大学での授業は以前と違い、少人数で学生が主体となって進められるケースが珍しくなくなった。その結果、学生がプレゼンテーションをおこなう機会がとても増え、その出来不出来は成績に密接に関係する。また、大学の授業のみならず、就職試験においてプレゼンテーションを課す会社も多い。また、入社後の仕事や地域でのコミュニティ活動などにおいても、プレゼンテーションの出来不出来はあなたの評価に密接に関係する。

　本章では、このように社会的に重要な意味をもつプレゼンテーションというコミュニケーションのひとつの形態について学び、実際におこなう際に聞き手と十分にコミュニケーションをとれるようになることを目標とする。

課題1

4〜5人のグループを作り、これまでにどのような状況・立場で、またどのような内容についてプレゼンテーション（自己紹介スピーチを含む）をしたことがあるか、そしてそのプレゼンテーションをする前と後にどのような気持ちになったかについて、自分の経験を他のメンバーと話し合おう。

あがるのがイヤ？

　日本ではスピーチ好きと思われているアメリカ人を対象としたアンケートでも、人前で話をすることは「この世で怖いと思うこと、嫌だと思うこと」のランキングで常に上位に入っている。その最大の理由は、あがってしまい、自分が何をいっているのかわからなくなり、聞いている人にバカにされるのではないか、という恐怖心にあるようだ。ひざはガクガク、のどはカラカラ、目は空中をさまよう、といった状況を思い浮かべてしまうのだろう。何を隠そう、本書の著者たちにも覚えのあることだ。

　最初は誰しもこうなるものである。むしろあがらないほうが圧倒的に少数派だ。なぜならば、あがるということは、あなたが自尊心をもち合わせている人間である証拠だからである。また、経験的にいえることだが、ある程度あがっている（気分が高揚している）ときのほうが、適度の緊張感があって、結果としてよいプレゼンテーションができるものだ。

　それにしても、「なんとか無事にプレゼを済ませたい」と思うのは人情であるし、できることなら、「プレゼン上手になって、よい評価を得たい」と思うのも当然である。このことを可能にするには、①プレゼンテーションとは何かを理解し、②プレゼンテーションの準備の進めかたを学習し、③経験を積むことである。

コミュニケーションとしてのプレゼン

　プレゼンとはいうまでもなく人と人のコミュニケーションのひとつの形態である。

　そのコミュニケーションの定義だが、これまでにいろいろな分野の研究者によって無数に提示されており、学問分野ごとに異なっている。しかし本書では、「2名以上の人間が、言語・準言語*・非言語*を媒体として、少なくとも1名が意識的あるいは無意識のうちに何らかの働きかけをしているか、あるいは他の人から影響を受けている状況（関係性）」という定義を採用することにする。なお、この定義には自分との対話（自己内コ

---

*――準言語とは声の大きさ、イントネーション、発音の明瞭さなどのことを意味し、非言語とは身振り手振り、視線、ジェスチャー、身につけている物、髪型、人との距離などを意味する

ミュニケーション）は含まれていない。

　さて、上記の定義に沿ってプレゼンテーションを定義すると、「ひとりまたは複数の話し手が、ひとりまたは複数（たいがいの場合は数名以上）の聞き手を相手に言語・準言語・非言語を媒体として意識的に働きかけを試みており、話し手も聞き手が意識的あるいは無意識のうちに表出している非言語表現から何らかの影響を受けてもいる状況（関係性）」ということになる。

　これまでに各種の指南書に書かれてあったプレゼンテーションについての考えは、話す側の目的に焦点が当たりすぎていた。「買う気のない消費者に自社の製品を思わず買わせてしまう」といった目的をもって、聞き手をこちらの思いのままに行動させてしまう力をプレゼンに求めている感が強かったのである。

　しかし、前述の定義からもわかるように、プレゼンテーションは他のコミュニケーションの形態と同じように、その状況に居合わせた人々の関わり合いによって成立している。とすれば、学生として、あるいはコミュニティや会社の一員としてプレゼンを「話し手が聞き手を思いどおりに説得するスキル」といった狭い見かたでとらえるのではなく「ひとりまたは複数の話し手が中心となって、その場にいるみんなが影響し合うプロセス」と考えたほうが、教育的に、社会的により意味ある活動につながるはずである。

　この考えに立てば、あるプレゼンがうまくいくかどうかというのはプレゼンをする人の力だけではなく、聞き手の力も重要な要素となる。さらにいえば、プレゼンそのものをプレゼンがおこなわれている状況からはぎとって評価することはできないということである。

課題2

・4〜5人のグループを作り、プレゼンテーションを成功させるために聞き手はどのような役割を演じなくてはいけないのかについて話し合おう。
・教員による講義もプレゼンテーションの一種であるが、学生は聞き手としてどのような貢献をしているのか、あるいはしていないかについて話し合おう。

話し手の役割

　まず重要視すべきことは、自分(たち)がプレゼンをしている間、通常、聞き手は最後までその場にいてくれるということである。つまり、あなた(たち)のプレゼンがどのようなものになるかを知らないのに、その場に居合わせた人たちの時間がほぼ無条件で提供されている状況なのである。その人たちの時間を無駄にしないためにも、そして自分(たち)の時間を有効に使うためにも、自分(たち)の役割を考える必要がある。

　プレゼンをおこなう会合あるいは授業において、自分(たち)の役割を知るためには以下のような情報が役立つであろう。

- どのようなトピックについて検討する会合(授業)なのか
- 課されたプレゼンに何が期待されているのか
- プレゼンをするのは自分(たち)だけなのか
- 自分(たち)は何番目におこなうのか
- 何分以上何分以内に話をまとめる必要があるのか
- 同じグループの人たちに対して別の機会に同じような内容のプレゼンをすることができるのか(したことがあるのか)
- 質疑応答はあるのか

　これらのことを理解したうえで、参加者全員にとって有意義な時間になるようにするために、話し手はできる限りの準備をし、目的や役割に合った話を展開することが求められている。つまり「上手にそつなくまとめよう」「恥をかかないようにしよう」といった自分本位の発想ではなく「みんなの時間を有効活用しよう」「よい意味での刺激を与えよう」「主催者側の意図をくんで話そう」といった発想でプレゼンに臨むべきなのだ。そのためには、いい加減な準備では聞き手に失礼になると考えるべきである。

プレゼンの目的

　前述のような役割を理解したうえで、自分たちのプレゼンに対して主催者(授業の場合であれば担当教員)、聞き手、あるいはビジネス場面であれば

依頼者や顧客はどのような目的を果たしてほしいと思っているのかを考えよう。もし、これらの人たちが目的について十分考えていないようであれば、自分たちで主たる目的をはっきりさせよう。プレゼンの目的は複合的であることがほとんどであるが、以下のことが主たる目的であることが多い。

① 情報を提供する
② 問題を分析する
③ 新たな提案をする

もちろん、新たな提案をする際には、情報も提供しなければならないだろうし、問題を分析する必要もあるであろう。しかし、主たる目的が何であるのか、ということをあらかじめ定めておくことは、プレゼンを成功させるためにとても重要である。

課題3
「自分たちの地域」をテーマとした場合、誰に対してどういう内容に絞って話せば、上記の①～③の目的に則したものとなるかを話し合おう。

2　プレゼンテーションの内容を考える

ブレインストーミング

　プレゼンをおこなうにあたって、何よりも大切なのは話の中身（内容）である。しかし、どんな内容にするかについて、自分ひとりで考えてもなかなかよいアイディアが出ないことが多い。たとえアイディアが出たとしても、独りよがりの考えである危険性がある。

　よって、他の人と話をしてアイディアを出し合うとよい。即興的にアイディアを出し合う活動をブレインストーミング（brainstorming）と呼ぶ（以下、ブレスト）。この活動の際に出されるアイディアはどんなに突飛なことでもよく、互いに批評することは極力控え、互いのアイディアを刺激し合うようにするとよい。

　小さめのカード、または7cm×7cm程度の大きさの付箋を用意し、アイディアを出した後に、1枚にひとつのアイディアを次々に書いていく。ある程度アイディアが出尽くしたところで、KJ法＊を使い同じ要素のものをグルーピングする。そして、グループごとに内容をまとめた短い文（小見出し／ラベル）を書く。こういったプロセスを経ると、問題を網羅的に挙げることができ、創造的な考えが出てくる場合もある。ブレストを大いに活用しよう。

> **課題4**
> 「（自分たちの）地域において解決すべき問題」について、グループごとにブレストをしてみよう。できる限りたくさんの問題を挙げたうえで、カテゴリー化（グルーピング）し、それぞれのカテゴリー（グループ）にラベルをつけよう。制限時間は30分。その後、どのようなラベルをつけたかを他のグループのメンバーと伝え合おう。

聞き手と時間

　与えられたトピック、あるいは自分たちが決めたトピックをどのよう

＊——川喜田二郎氏が考案したデータや考えをひとつずつカードに書いて、それらのカードをグループ化する手法。考案者のイニシャルにちなんで「KJ法」と呼ぶ

にアレンジし、どこに焦点を当てるかについては、話をする相手や与えられた時間（プレゼンの長さ）によって制約を受ける。逆に、相手や時間によって目的が変わること（変えざるをえないこと）もある。

　いずれにしても、それぞれの状況に柔軟に対応することが肝要である。自分が「このことを話したい」からといって、相手や時間のことを考えずに決めてしまうのは、コミュニケーションの複雑性を考慮しているとはいいがたい。

　与えられたテーマが「地域において解決すべき問題」で、発表時間は10分以内だったとしよう。聞いている人が、同じ地域に住んでいる人かどうか、その地域で商売をしている人なのかそうでないのか、専業主婦なのか、昼間は別の地域に働きに出ている人たちなのか、学生なのか……などの要素によって、どのような問題を取り上げるのかを考える。あるいは同じ問題を取り上げる場合でも、アレンジのしかたが変わってくるはずである。

　また、3分間のプレゼンと20分間のプレゼンでは、取り上げる問題の数、説明する具体例の数とくわしさ、説明の方法（PowerPointを使うかどうかなど）などが違ってくるはずである。よって、常に聞き手のことと、与えられた時間のことを考慮して、話の内容を絞り込む必要がある。

課題5
先ほどのブレストで検討した「（自分たちの）地域において解決すべき問題」をテーマとして、同じ地域にある大学に通っている学生を対象に8分間のプレゼンをおこなうとしたら、どの問題について、いくつ取り上げたらよいかを話し合おう。

リサーチ

　ブレストで出てきたアイディアはあくまで即興的に出てきたもので、思いつきにすぎないものもあると考えるのが妥当だ。見過ごしている問題もまだあるかもしれない。そこで、ブレストで出てきたアイディアに基づいてリサーチ（調査）をする必要がある。リサーチのおもな方法として考えられるのは以下の5種類である。

① インターネット検索
② 文献調査
③ 現地調査
④ 面接調査
⑤ アンケート調査

　手っ取り早いのはインターネット検索であろう。キーワードを考え、入力し、検索する。ただし、インターネットで検索できる情報は信頼できるものから、できないものまでさまざまなので、慎重に取り扱う必要がある。引用する際にはアクセスした日(や情報がアップされた日)も明示する。統計資料を引用する際には特に注意が必要である。また、他の出典からの引用が掲載されている場合は、必ず原典に当たる必要がある。

　内容を充実させるためには文献調査をする必要がある。その方法については「第1章　テキストの読解と要約の方法」を参照すること。

　実際に行ける場所がテーマになっている、あるいはそういった場所に関連しているテーマであれば、必ずしなければいけないのが現地調査である。しかし、なんとなく現地へ行ってはいけない。どんなことについて、どのように調べるのかをあらかじめ考えておく必要がある。

　たとえば、駅周辺の放置自転車の問題について調べるとしよう。さて、どんなことについて、どのように調べるべきだろうか。

- どのあたりに何台ずつ放置されているかを数える
- 朝、昼、夜(例:朝8時、正午、午後8時)などの時間帯を考慮したうえで数える
- 平日、土曜日、日曜日に数える
- どんな人が放置していくかを観察する
- 駅近くに自転車置き場があるかどうかを調べる
- 自転車が置かれていることによって歩道の幅はどれくらいになっているかを計測する
- 放置した自転車に行政は警備員などを活用して対応しているかどうかを見る
- 自転車を放置することを禁止する貼り紙などがあるかを見る

少なくとも以上のようなことが考えられるはずである。

> **課題6**
> 駅周辺、あるいは大学構内の「タバコやゴミのポイ捨て」を問題として取り上げたとして、現地調査でどんなことについて、どのように調べるべきかを話し合おう。

　次に、面接調査について考えてみよう。放置自転車の問題であれば、各関係団体がどのように放置自転車問題をとらえているかについて、インターネット上でわからないことがあれば、直接電話をかけるか、話を聞きにいく方法が効果的である。ただし、会いにいく場合は、当然のことながら約束をとってから行くこと。

　役所の関係部署であれば、どのような対策を立てているのか、その対策のためにどのくらいの費用がかかっているのか、自転車置き場を設置する施策を計画中かどうか、といったことを尋ねることができるであろう。また、福祉関係団体であれば、車椅子使用者や目の不自由な方々はどのような不便、危険を感じているのかを聞くことができるであろう。さらに、鉄道会社に対してであれば、放置自転車対策をおこなう考えはないのかを尋ねることも可能だろう。

> **課題7**
> 駅周辺、あるいは大学構内の「タバコやゴミのポイ捨て」を問題として取り上げたとして、どこへ行って、どのようなことを尋ねたらよいか、現地調査について話し合おう。

　さらに考えられるのは、アンケート調査である。放置自転車の場合、自転車を放置した人だけに尋ねることも可能だし、自転車を利用していない人に対して尋ねることも可能だ。どちらにするかは、アンケートの内容次第である。

　また、その場で答えてもらうか、郵送やメールで返答してもらうか、あるいはSNSを活用するか、といった方法についても考える必要がある。ただ気をつけなければいけないのは、方法や調査をおこなう時間帯などによって、回答者に偏りが起きるということである。たとえば、朝の通勤・通学時間帯にアンケートを実施しようとしたら、答えてくれるのはあまり急いでいない人（しかも、自転車を利用していない人）がほとんどになってしまうかもしれない。

　回答してもらう方法についても配慮すべきであろう。急いでいる人た

ちを対象としている場合は、質問事項を読み上げて、回答を聞き、質問者が用紙に書き入れる方式のほうが回答率は高くなる可能性があるだろう。いずれの場合でも、アンケートは回答するのには数分から最大でも10分程度のものにすると回答率が高くなる。以下がサンプルである。

自転車に関するアンケート

＊このアンケート結果は、大学の授業での発表に使用します。その他の目的には使用しません。
　回答に1〜5分程度かかります。

① **年齢**
　1. 10代　2. 20代　3. 30代　4. 40代　5. 50代　6. 60代　7. 70代　8. 80代以上

② **性別**
　1. 男性　2. 女性

③ **職業**
　1. 中学生　2. 高校生　3. 大学生　4. 会社員　5. 教員　6. 主婦（夫）　7. パート・アルバイト
　8. その他（　　　　　　　　　　　　　　　　　　　　　　　　　　　　）

④ **自転車に乗っていますか**
　1. ほぼ毎日乗っている　2. ときどき乗っている　3. たまに乗る　4. ほとんど乗らない
　5. まったく乗らない

⑤ **④で1〜3を選択した方にお尋ねします。駅周辺に自転車を放置したことがありますか**
　（④で4〜5を選択した方は、⑨に回答してください）
　1. ほぼ毎日放置している　2. 2〜3日に1度くらい放置している　3. 週に1度くらい放置する
　4. ほとんど放置しない　5. まったく放置しない

⑥ **⑤で1〜3を選択した方にお尋ねします。その理由は何ですか（複数回答可）**
　1. 正式の駐輪場がないから　2. 急いでいるから　3. 特に問題だと思わないから
　4. その他（　　　　　　　　　　　　　　　　　　　　　　　　　　　　）

⑦ **⑥で1を選択した方にお尋ねします。駐輪場が有料でも利用しますか**
　1. 値段にもよるが、利用する　2. 利用しない

⑧ **⑦で1を選択した方にお尋ねします。駐輪場がいくらくらいなら利用しますか**
　1日あたり（　　　　　　　　　）円までであれば、利用する

⑨ **（自転車に乗らない方のみご回答ください）放置自転車についてどう思われますか**
　1. 特に気にならない　2. 迷惑だが、自転車置き場がないからしかたない
　3. 迷惑だが、すぐに撤去すべきほどではない　4. 迷惑である・すぐに撤去すべきである
　5. その他（　　　　　　　　　　　　　　　　　　　　　　　　　　　　）

　　　　　　　　　　　　　　　　　　　　　　ご協力ありがとうございました。

課題8 駅周辺、あるいは大学構内の「タバコやゴミのポイ捨て」を問題として取り上げた場合のアンケート調査票を作成しよう。どんなことを知りたいのかをはっきりさせ、完成したアンケートに回答するのに何分くらい要するかも考えよう。

再検討

リサーチの結果に基づいて、自分たちが取り上げようとした問題について、プレゼンを聞いている人にとって意味ある情報が提供できるか、また解決の糸口を提案できるか、といったことを再検討しよう。また、焦点の絞りかたやプレゼンの目的についても検討する。

最悪の場合、取り上げる問題を変えるという選択も必要になるだろう。ただし、その場合、プレゼン当日までに費やせる時間を考え、取り下げるのが妥当な判断かどうか慎重に検討すること。

構成

内容に関する材料がある程度そろい、焦点の絞りかたも定まってきたら、次はプレゼンの構成を考える。

構成のしかたは、「第2章　レポート・論文を書く方法」で学習したレポート・論文の構成と基本的には同じで、「序論―本論―結論」の三つのパートから構成する。

序論では、①聞き手の興味・関心を喚起する、②プレゼンの目的を明示する、③本論の予告をする、といった三つのことがおもな目的である。

本論は、いくつかのパートに分けたうえで、テーマに関することを述べる。

結論では、①重要なポイントをまとめる、②聞き手に協力を依頼する、③今後の予定・決意を述べる、といったことの少なくともひとつをおこなう。時間配分は、以下が目安。

序論:5〜15%
本論:75〜90%
結論:5〜10%

基本的にはプレゼンの目的を(暫定的に)決めたうえで、本論のアウトラインを作成する。序論と結論については、本論ができあがってから考えるようにする。

　完全原稿(一字一句書いたもの)を用意する場合にも、まずアウトラインを作成する。アウトラインが完成するまで、原稿は書き出さない。ただし、アウトラインは暫定的なものと考えてよい。原稿を書き出した後に、アウトラインに修正を加えてもよい。

　完全原稿を用意しない場合、アウトラインはスピーチの最中においてメモ代わりになるので、その場合は特に綿密に作成する必要がある。アウトラインを用意することのおもな利点は以下のとおりである。

- 重要なポイントを落とすことが少なくなる
- 不必要なポイントを入れる可能性が少なくなる
- 各ポイントに必要な例や証拠資料があるかどうかを確認しやすくなる
- 論旨の展開に一貫性があるかどうかチェックしやすくなる
- 原稿が速く書ける

1 | 本論

　本論の流れについては、取り扱うトピックや、プレゼンの目的によってさまざまな構成法が考えられるが、本書では新規に何かを提案する「提案型プレゼン」の場合に役立つ構成法を二つ取り上げる。

① 問題強調・構成法

　提案型プレゼンで最もオーソドックスな構成法である。「問題→原因→提案→効果」というのがその基本的な流れである。深刻な問題が存在することを説明し、その原因を究明し、その原因を取り除くための解決策を提示する。そして、その提案の効果を説明する、という流れである。

　この構成法では、最初に説明する「問題」の部分が最も重要といっても過言ではない。聞き手が、問題がいかに深刻なのかを理解すれば、「何かしなければいけない」という気持ちになり、提案そのものが多少具体性に欠けていても導入に賛成してくれる可能性が高くなる。問題の深刻さを説明するには、問題の質と問題の影響を受けている人の数を明らか

にするとよい。そのためには、具体例や統計的な数字を使って、よりインパクトのある説明にしたい。

問題の取り扱いかたにはいくつかのバリエーションが考えられる。以下に二つの代表的な流れを説明する。

【Aパターン】
1. 問題
2. 原因
3. 提案
4. 効果
(5. 反駁)

このパターンにあてはめた例を挙げておく。

1. 危険な駅周辺の現状〔問題〕
    1) 車と歩行者・車椅子との接触事故
    2) 緊急自動車が通りにくい
2. 放置自転車の多さ〔原因〕
    1) 放置自転車の数
    2) 遠い自転車置き場
    3) 甘い罰則
3. 新規事業と規制強化〔提案〕
    1) 自転車置き場の新設
        a) 場所・広さ
        b) 費用負担（土地の借用など）
    2) 放置自転車の撤去の徹底
4. 安全で住みやすい環境〔効果〕
    1) 事故の減少
    2) より住みやすい環境
5. 負担は最小限〔反駁〕
    1) 自転車利用者
        a) 利便性：悪くない
        b) 費用：100〜150円／日は高くない
    2) 建設および管理費用

a) 市と鉄道会社で負担
　　　b) 税金の有効活用

　「放置自転車の多さ」を〔問題〕としてとらえるのではなく、〔原因〕としている点に注目してほしい。「放置自転車の多さ」を〔問題〕としてとらえると、問題の本質を掘り下げにくくなる傾向がある。なぜなら「放置自転車＝悪いこと」、だから「なくそう」という単純な論理になってしまいがちだからである。そこで、「放置自転車の多さ」を〔原因〕とし、このことによって起きている〔問題〕をより具体的に提示することから本論をはじめる。
　そして、〔提案〕する。自転車置き場を作る、ということであれば誰でもいえる。どこにどのくらいの広さのものを作る（作れる）ということになると現場を調査する必要がある。また、他の駅で成功している例などを調べるとよいだろう（例：JR中央線中野駅、京王線調布駅、東京メトロ有楽町線千川駅）。
　さらに、提案が採択された後はどのように変わるのか、〔効果〕についても説明する必要がある。〔原因〕を取り除いたら問題がなくなるのはあたりまえであると考えがちなのか、この部分が欠落しているプレゼンがとても多い。しかし、実際にどうなり、それがいかによいことなのかを説明することが聞いている人たちに納得してもらうためには必要なことである。
　また、必ずしもプレゼンに含めなくてもよいが、予想される反論に対して事前に〔反駁〕（反論から自らの考えを守るための論）をしておくのもよい（反駁については「第2章　レポート・論文を書く方法」を参照のこと）。

　【Bパターン】
　1. 問題の存在
　2. 問題の深刻さ
　3. 提案
　4. 効果
　（5. 反駁）

　これは、問題の存在と、その深刻さを別のポイントとして独立させたパターンである。問題の説明が原因を間接的に示しているが、問題の原

因追及そのものよりも、目の前の問題を軽減することを主眼としている場合に、このパターンを使うことが多い。

わかりやすいように同じ放置自転車問題を例として説明しておく。

1. 放置自転車の多さ〔問題の存在〕
   1) 放置自転車の数
   2) 狭くなっている歩道
2. 危険な状態〔問題の深刻さ〕
   1) 歩行者も歩きにくい
   2) たいへんな思いをしている障害者たち
   3) スムーズに通過できない緊急自動車

問題の原因を究明しようとすると、急に発展した駅周辺の住宅地、進まぬバス路線、遅れる駅周辺の再開発、取り締まりの実情といったことにまで言及しなくてはならないかもしれない。となると、自分たちが問題解決のための提案をできる範囲を超えてしまう。だからといって、このまま何もできないままにしておいてよい問題でもない。よって、「放置自転車の多さ」という問題が存在していることをアピールし、それを結果としても原因としても扱う論理展開とし、深刻さを別の論点として提示している。

② メリット強調・構成法

現在の問題ではなく、提案を実行に移した後に生じる利点（メリット）を強調する構成法である。本論の冒頭に提案をし、メリットを説明する際に現状分析をするのが特徴である。

1. 提案
2. メリット1
   1) 現状
   2) 効果
3. メリット2
   1) 現状
   2) 効果
4. 反駁

以下に具体例を挙げておく。

1. 新規事業と規制強化〔提案〕
    1）自転車置き場の新設
        a）場所・広さ
        b）費用負担（土地の借用など）
    2）放置自転車の撤去の徹底
2. 事故の減少〔メリット1〕
    1）車と歩行者・車椅子との接触事故の減少
    2）放置自転車の数が大幅に減少
    3）歩行者が安全に歩けるような状態に
3. より住みやすい環境〔メリット2〕
    1）緊急自動車が通りにくい現状
    2）放置自転車の数が大幅に減少
    3）緊急時の安全性と街の景観の向上
4. 負担は最小限〔反駁〕
    1）自転車利用者
        a）利便性：悪くない
        b）費用：100〜150円／日は高くない
    2）建設および管理費用
        a）市と鉄道会社で負担
        b）税金の有効活用

以上、本論の構成法を紹介した。これらの構成法にのっとれば、論理的な流れを作ることが可能になる。ただ、ここに紹介した例は、あくまで構成の基本型である。慣れてきたら取り扱うトピックや与えられた時間によって変化をつけてかまわない。

さて、本論のアウトラインが完成したら、序論と結論をアウトラインに書き足す。

2｜序論

前述したように、序論では、①聞き手の興味・関心を喚起する、②プレゼンの目的を明示する、③本論の予告をする、といった三つのことがおもな目的である。

① 聞き手の興味・関心を喚起する

聞き手の興味・関心を喚起する方法としては、以下のような方法がある。

・びっくりするような事実を提示する

たとえば、「521」という数字を聞き手に見せたうえで、次のように切り出すことが考えられる。

「みなさん、昨日の午前10時に、○○駅周辺に521台もの自転車が放置されていたのです。このような状況をそのままにしていてはいけないと考え、本日、私たちは放置自転車問題を取り上げ、その解決策を提案したいと思います」

このように521台が放置されていたという事実をまっ先にいうことによって、聞き手の注意を引くことができる可能性が高くなる。

・質問をする

上記の例をさらに質問する方法ではじめることも可能である。

「521。みなさん、この数字は何を意味していると思いますか?(ポーズを置く)この数字は、昨日の午前10時に○○駅周辺に放置されていた自転車の数です。このような状況をそのままにしていてはいけないと考え、本日、私たちは放置自転車問題を取り上げ、その解決策を提案したいと思います」

あるいは、仮想的な質問をすることも可能であろう。例を二つ挙げておく。

「あなたの愛する人が駅で気分が悪くなって倒れ、救急車を呼んでもらったとします。ところが、放置自転車が道にあふれているために救急車がなかなか到着しません。そのとき、あなたはどう思いますか」

「あなたは目が不自由か、車椅子での生活を余儀なくされているとします。放置自転車が道にあふれているために、歩道がとても狭くなっています。そのとき、あなたはどう思いますか」

② プレゼンの目的を明示する

直截的にプレゼンの目的を明示することからはじめることもできる。あるいは、①のように聞き手の興味・関心を喚起してから、プレゼンの目的を明示することも可能である。

目的を明示する例を挙げておく。

「本日は、ますます悪化する傾向にある○○駅周辺の放置自転車問題

の深刻さを検証し、そのうえで解決策を提示し、その有効性を示したいと考えております」

③ 本論の予告をする

　この方法は、単独でおこなうこともできるが、①聞き手の興味・関心を喚起し、②プレゼンの目的を明示してから、③本論の予告をすることも効果的である。

　本論の予告をする例を以下に挙げる。

　「本日のプレゼンテーションでは、○○駅周辺の放置自転車問題に関して次の五つの点でお話ししたいと思います。1. 危険な駅周辺の現状、2. 放置自転車の数の多さとその原因、3. われわれが考えた対策、4. 対策を講じた場合の効果、そして、時間が許せば5としてわれわれの案に対する予想される反論についても検証したいと思います。それでは、まず、第1番目の論点である、危険な駅周辺の現状についてご説明します」

3 | 結論

　結論では、前述のとおり、①重要なポイントをまとめる、②聞き手に協力を依頼する、③今後の予定・決意を述べる、といったことの少なくともひとつをおこなうとよい。もちろん、これら三つをすべて網羅してもよい。

　以下に三つを網羅した例を挙げておく。

　「以上のとおり、○○駅周辺の放置自転車は、その数が多く、歩行者、特に障害者のみなさんにとって危険な状態になっています。緊急自動車が駅に到着するのにも障害になっていますし、景観もたいへん悪いといえます。早急に対応すべき問題だということをおわかりいただけたことと存じます。この問題は行政や鉄道会社だけに任せていてはいけないと考えます。私たちは、今日お話をした提案書を市当局と△△電鉄に持参します。署名活動をすることも考えております。そのときはぜひご協力ください。みなさんで、安全で住みやすい街にしていきましょう。ご静聴ありがとうございました」

　結論部分に入ろうとしたときにはすでに割り振られた時間をオーバーしそうな状況であることが多い。その場合は、与えられた時間内にプレゼンを終了させることを優先し、臨機応変に手短に終わらせるよう

にする。

　逆に時間が予定よりもかなり余った場合は、おもな論点をくり返したり、説明が不足したと思われる部分を補足説明したり、あるいは「何かご質問はありませんか」と聞き手に問いかけるとよい。

■課題9
自分たちのプレゼンのテーマに関するアウトラインをまず各自作成し、その後、互いに批評し合おう。

3　プレゼンテーションをする

視聴覚補助機器

　視聴覚補助機器に関しては、OHP（オーバーヘッドプロジェクター）、OHC（オーバーヘッドカメラ）、フリップチャート（ポスター）などが主流だった時期があるが、現在では、PowerPointやKeynote（Mac用）といったパソコンソフトを使用するのが主流となっている。スライドだけでなく、動画を取り込むことも可能なので、ビデオデッキなどを別に用意する必要もなくなった。

　まず、視聴覚補助機器を使用するかどうかを決める必要がある。「使わないと時代に乗り遅れていると思われるのではないか」という恐れから、視聴覚補助機器を使用する必要はない。与えられた時間が短かったり、それほど込み入った話ではなかったり、細かい図表を数多く必要とする場合、あるいは聴衆の数が少ないときなどは、視聴覚補助機器をまったく使わないほうがより上手にプレゼンをおこなえることも多い。まずは使うかどうかを検討する。使う場合は、どのような機器を使用するのか、そしてどの部分で使用するのか（全体か、ある特定の箇所か）を決める必要がある。

　視聴覚補助機器を使用するかどうか、どの機器を使用するかを決めるにあたって、検討すべきおもな要素は以下のとおりである。

- 使用するスライドなどを準備する時間的な余裕があるのか
- 会場の機器が利用できるのか
- 会場は機器を使用するのに適しているのか（照明やブラインドなど）
- 発表前に機器を設定する時間的余裕があるのか
- 聴衆は何名か
- 図や写真を用いて説明したほうが効果的か
- 動画を見せるほうがより効果的か
- プリントアウトした資料を配付するのか

　人前でプレゼンをおこなうのに慣れていない人にとっては、

PowerPointのスライドはプレゼンを無難におこなうのには大いに助けになる。スライドを順番に見せながら話せば、あるポイントを話し忘れることもない。また、重要な点はスライドに書いてあるので、それを読めばよいし、第一、聴衆の視線がスクリーンに注がれるので、プレッシャーを感じることが少ない。自分の番の直前まで修正できるというメリットもある。

しかし、落とし穴も多いので、次の点を注意したい。

1｜枚数が多すぎないか

プレゼンの経験があまりない人は、とかくあれもこれもスライドにしたがる傾向がある。目安は、2〜3分に1枚であろう。つまり10分間のプレゼンであれば、3〜5枚が限度であろう。それ以上になると、「電動紙芝居」のようになり、話の内容が聞き手の印象に残らない危険性がある。

2｜字数が多すぎないか

1枚のスライドに多くの文字を詰め込まないことが肝要である。スライドは「読む」というよりも「見る」ためのものであると考えたほうがよい。多くの文字を貼りつけなくてはならない場合は、スクリーンに1行ずつ出すなどの工夫が必要である。

文字ばかりであれば、配付資料（ハンドアウト）だけにしたほうが適している場合が多い。パソコンを使用する場合は、図、表、動画などを使うことを考えたい。

3｜読むことと聞くことは両立しない

スライド上の文字や情報を読みとろうとしているときには、たいがいの人は耳のほうはおろそかになることも頭に入れておこう。だから、文字数もできる限り少なくしたほうがよい。プレゼンの中心はあくまで話し手であり、スクリーンではない。

4｜字が小さすぎないか

文字の大きさ、色のコントラスト、図や表のわかりやすさなどに注意し、聞き手にとって見やすいものに仕上げる必要がある。文字が多いスライドの場合は、白っぽい画面に黒・紺・赤の字、あるいは紺のバックに黄色の字、といった配色が見やすいようだ。

5 | 会場が暗すぎないか

　プロジェクターの性能もよくなったので、会場を暗くしなくてもスクリーン上の情報を読みとれるようになってきた。できる限り通常の部屋（教室）の状態に近いほうがよい。暗くする必要がある場合は、ブラインドを下げてみる。それでもダメな場合は、部屋の前方のライトだけを消すか落とすことで対処したい。ただ、前方のライトを消すと、話し手の顔が見にくくなるので、可能であればスポットライトなどを使って、話し手の顔が見えるようにしたい。

6 | 互換性はあるか

　Macで作成したデータをUSBメモリに入れて会場に持参したうえで会場のWindowsのパソコンを使うと、図表がずれたり、フォントが変わってしまったりする。会場のパソコンがWindowsの場合、Macユーザーは、Windowsでデータを作成してUSBメモリに入れて持参するか、自分のMacのノートパソコンを持参したほうがよい。また、持参したMacを使用する場合は、アダプターを持参することを忘れないことと、Macを立ち上げる前にアダプターをつなぐようにすることに注意したい（立ち上げてからつなぐと不具合が起きることがある）。

7 | 操作は大丈夫か

　グループでプレゼンをおこなう際、話す人がパソコンの操作に慣れていない場合には、パソコンを操作する人を別に用意することも考えてみる。ただ、話し手のペースとスライドを送るペースを合わせることがスムーズにいかないことがあるので、話す人がパソコンを操作できるようにしておきたい。また、誤った操作をした場合に、もとに戻す操作ができるようにしておきたい。そして会場が大きい場合は、できる限りワイヤレスのマウスを使用する。マウスとポインターが一体となっている製品が使い勝手がよい。

配付資料

　聞き手は、プレゼンテーションを聞くにあたって、発表者が配付資料（ハンドアウト）を用意しているとそれだけで一定の評価をするものであ

る。聴衆の人数が多すぎて配付資料を用意できない場合などを除き、自分自身の頭のなかを整理するためにも配付資料を用意するとよいだろう。

　視聴覚補助機器を使用する場合は、A4サイズの紙に2〜6枚載るようにスライドを縮小したものを配付資料とするか、それとは別の配付資料を用意するかの選択がある。

　「スライドを縮小したものを配付資料としなければならないようであれば、それはスライドに問題がある」といったことを主張するプレゼンの専門家もいるが、聞き手として、スライドの縮小コピーの横にメモをとりながら聞けると楽である。

　プレゼンのネタが話す前にわかってしまうことを嫌って、プレゼン終了後にスライドの印刷物を渡すという選択もある。PR会社や広告会社の社員のなかにはこの手法をとる人が多い。

　スライドとは別の配付資料を用意すると、話の全体像をつかんだり、流れを先取りしたりするのに役立つ。ただ、上手に作成しないと、かえって混乱させることになるので注意が必要である。

　プレゼン用ソフトを使わずに配付資料だけでプレゼンすることでも内容によっては十分対応できる。それどころか、そのほうが聞き手とのコミュニケーションがスムーズにいくこともある。その場合の配付資料は、プレゼンのアウトラインをさらにくわしくしたものだと考えるとよい。込み入った表を使うときには配付資料のほうがかえってわかりやすい。また、参考文献をたくさん提示する場合も配付資料のほうが適しているといえる。

　以下にPowerPointと独自の（スライドの縮小コピーではない）配付資料（ハンドアウト）を併用した場合の例を提示する。

課題10
自分たちのプレゼンテーションにおいて、視聴覚補助機器を使うべきかどうか、使うとしたらどの機器をどのポイントで使うかについて話し合おう。その後、どのような配付資料（ハンドアウト）を作成すべきかについて話し合おう。

20××年×月×日
「○○駅周辺の放置自転車――問題の深刻さと改善案」

発表者：△△△△、□□□□、○○○○、◇◇◇◇

1. 危険な駅周辺の現状
    1) 車と歩行者・車椅子との接触事故
        ・駅周辺における昨年1年間の事故数（推移）（ PP グラフ）
        ・△月△日の事故（例）

    2) 緊急自動車が通りにくい
        ・車道のいちばん狭い部分
        ・◇月◇日の出来事

2. 放置自転車の多さ
    1) 放置自転車の数
        ・○月○日の数（ PP 写真）

    2) 遠い自転車置き場
        ・自転車置き場の位置（ PP 地図）

    3) 甘い罰則
        ・強制撤去は半年に1回程度

3. 新規事業と規制強化
    1) 自転車置き場の新設
        ・場所（ PP 地図）
        ・広さ1,000㎡
        ・費用負担（土地の借用など）（ PP 試算（表））

    2) 放置自転車の撤去の徹底
        ・月に1回程度
        ・手数料（罰金に相当）5000円／回

4. 安全で住みやすい環境
    1) 事故の減少
    2) より住みやすい環境（ PP 自転車が少ない時間帯の写真）

5. 負担は最小限
    1) 自転車利用者
        ・利便性:悪くない
        ・費用:100〜150円／日は高くない（ PP 他の駅の例）

    2) 建設および管理費用
        ・市と鉄道会社で負担
        ・税金の有効活用

（ PP はPowerPointの略）

グループプレゼンテーションの留意点

　プレゼンはひとりでおこなうとは限らない。特に大学でのプレゼンは複数の人間でおこなうグループプレゼンテーションと呼ばれるもののほうがかえって多いようだ。グループプレゼンの場合は、単独でおこなうときとは別の配慮が必要となる。

　まず、準備段階でリーダーが自然発生的に出てくるとよいが、そうでない場合はある段階で誰かをリーダーとして指名したほうが、準備がスムーズにいく確率が高い。

　また、全員が同じレベルのモティベーションを保ち続けるケースはまれであると考えたほうがよい。やる気がなくなったメンバーに対して不満をもつメンバーも出てくるかもしれない。そういうときは、やる気のないメンバーを批判するよりも、準備にいままで以上に力を入れて、他のメンバーを引っ張ったり、リーダーを支えたりするほうが結果的にまとまるケースが多い。

　適材適所を考えて役割分担をするとグループとしてうまくいく確率が高まる。人前で話すことに慣れているメンバー、リサーチをするのが好きなメンバー、論理的な思考ができるメンバー、PowerPointのスライド作成が上手なメンバーなどそれぞれの個性を認め合い、生かせるようにしていきたい。当日のプレゼン自体も必ずしも全員が話す必要はない（ただし、担当教員によっては全員に発表を課す場合もあるので、その場合はその指示に従うこと）。

　プレゼンそのものを複数の人間でおこなう場合、どこでバトンタッチすべきかを事前に決めておく必要があるのはいうまでもないことである。大きな論点ごとに担当者を配置するのが妥当である。そして、実際に話をする際には、「……。次は、○○について佐藤がお話しいたします」のように自分のパートの最後で、次の担当者と担当内容を紹介して橋渡しをするとよい。また、あるメンバーが話をしている最中は、他のメンバーは着席して目立たないようにしたほうが、聞き手の注意が散漫にならずよい。

原稿執筆

　原稿を書くと、どうしてもそれを読むことになり、メッセージ（情報、考

え、感情)が伝わりにくいプレゼンテーションになりがちである。よって、完全原稿を書くことはすすめない。

　しかし、どうしても書かないと心配だという場合は、以下の点に注意して原稿を書くこと。

- ・各段落の第1文は極力短くわかりやすい言葉を使う
- ・全体的に複文・重文をなるべく避け、単文を多用する
- ・漢語をなるべく避け、大和言葉を多用する (例：多用する→多く使う)
- ・漢語を使う場合は同音異義語に注意する (例：意義と異議)
- ・文尾にときどき「ね」「よ」を使って、口語らしくする
- ・口語ではやや不自然に聞こえる「……いるのです」といった文尾をなるべく使わない
- ・「みなさんは……」といった呼びかける語をときどき使用する
- ・「私は」「私たちは」といった主語を使いすぎない

　聞いている人たちをイメージして、ブツブツ口に出しながら原稿を書くとよい。また、書き上がった原稿を、声を出して読んで練習をする。その際に何度もつかえてしまう箇所はいいやすい表現に書き直すとよい。

　原稿は本番に備えて、やや厚めの小さめの紙にやや大きめ(太め)の字で書くとよい。また、各論点の出だしの箇所や重要なポイントには、ラインマーカーで下線を引いておくとよい。

話しかたや非言語・準言語要素

1｜心構え

　プレゼンと聞いて、「人前で話すとあがっちゃうから嫌だ」と考えている人が多いことであろう。本章の冒頭にも書いたように、これは人間としてあたりまえの心理である。普通の人は何度プレゼンをしてもあがるものである。

　大事なことは独り相撲をとらないことである。プレゼンはコミュニケーションのひとつの形態である。つまり、プレゼンがうまくいくかいかないかの責任の半分は聞き手にある。

　それに、たとえばあがったとしても、手に持っている原稿(あるいはメ

モ)が震えない限り聞き手には結構気づかれないものだ(原稿を手に持たず演台の上に置くか、ボード・厚紙の上に載せてクリップなどで挟んでから持つか、硬いクリアホルダーに入れるか、あるいは厚めで小さめの紙を使うとよい)。

　発表前には首をものすごくゆっくりまわしてリラックスさせ、口を閉じたままおなかをへこましながら鼻から息を吐き、同じく鼻からゆっくりと吸い込むようにするとよい。

　また、発表の最中は、足の裏に神経を集中するようにすると、気が落ち着き、声のうわずりを抑えやすくなる。

2｜服装

　授業中のプレゼンの場合は、普段の服装でかまわないが、特に派手な模様や色のものは避けたほうがよい。聞き手の注意が散漫になることを防ぐためである。アクセサリー類も同じことがいえる。

　学年全体を前にしたプレゼンテーション大会や、外部の人を招いてのプレゼンの際には、ややフォーマルな服装をしたほうがよいであろう。フォーマルな服装をすることによって、プレゼンに対する意気込みが余計に感じられる。

3｜髪型

　服装と同じように聞き手の注意が髪型にいってしまうようなスタイルは避けたい。特に前髪に注意しよう。視線を遮るような髪型は、聞き手を苛立たせる可能性がある。

　また、前髪を振りあげる(かきあげる)ような動作を頻繁にしなくてはならないようだと、聞き手は話の内容に集中できない。ピンで留めるなどしておきたい。

4｜視線

　プレゼンでは視線(アイコンタクト)を重要視する指導者が多い。しかし、プレゼンそのものに慣れていない段階で聞き手と視線を合わせるのはかなり大変なことである。プレゼンに慣れてきたり、話している内容に自信が出てきたりすると、自然と視線を合わせることができるようになるので、最初からアイコンタクトを気にしすぎることはない。

　なぜアイコンタクトが重要なのかといえば、目から入ってくる情報は、話し手にとってコミュニケーションが成立しているかを判断するう

えで必要だからである。

　聞いている人たちがどのような表情で聞いているか、メモをとりながら聞いているかどうか、などは大切な情報である。何人かの人が眉間にしわを寄せたら、わからなかったか、同意できない内容だというサインである可能性が高い。よって、もう一度説明するか、わかりやすい例を挙げるなどして、コミュニケーションをより確実なものにすることが可能になる。

　PowerPointなどのプレゼンソフトを使用する際に、投映されたスクリーンを見ながらプレゼンをする人が多い。もし何かを見ないと不安であれば、スクリーンを見るのではなく、手もとのパソコン画面を見るようにしたほうがよい。

　また、聞いているほうは、視線を合わせられると、「話し手は誠実で、真剣で、そして自信をもって話している」と思う確率が高くなるといわれている。

　ただ、日本では話し手のアイコンタクトよりも、聞き手のアイコンタクトのほうを問題視すべきであろう。

　「話し手の目を見て聞く」という習慣を学生生活でぜひ身につけてほしいものである。これはコミュニケーションを成立させようとする聞き手としての最低限のマナーとしてとらえてもらいたい。視線をほとんど合わせない、表情を変えない相手に話し続けるほど疲れることはない。話し手と視線を合わせるということは、「あなたの話を聞いていますよ」というサインだと考えてもらいたい。

課題11
　プレゼンテーションの練習の際に、他のグループメンバーに、①なるべく視線を合わせて聞いてもらう、②まったく視線を合わせずに聞いてもらう、という二つの動作をしてもらい、どのように思ったかを話し合おう。

5｜姿勢

　姿勢の基本は、「背筋をまっすぐ、手は自然に」ということである。背筋をまっすぐにして話すのは意外と難しい。演壇や机に手をついて、前かがみになって話す人が多いが、これは避けたい。

　自信がないと、手に何かを触れさせて（つかまって）気を落ち着かせよう

とする傾向があるようだ。

　演壇に手をつくのはかまわないが、演壇と身体との距離が空きすぎていると前かがみになるので、なるべく演壇に近い位置に立つとよい。足を伸ばしきって立つ必要はなく、むしろひざにやや余裕をもたせて立つとよい。

　また、プレゼンターやクリッカーと呼ばれる無線のスライドのページ送り機器を使えば自由に歩きまわることができる。聴衆のなかにも入っていくことが可能なので、使いこなせるようにしておきたい。

6｜声など

　声の大きさ、トーン（調子）、イントネーションにも気をつけたい。

　まずは、全員に声が届いているかどうかに注意を払おう。ただ、大きすぎる声も聞いているほうを疲れさせてしまうので、注意しよう。

　一本調子という言葉があるように、同じような調子で淡々と話されると話の内容が記憶に残りにくい。トーンになるべくバラエティをもたせるとよい。

　いわゆる若者言葉の特徴のひとつである上がり調子のイントネーションにも気をつけよう。文尾を上がり調子のイントネーションで話していると、自信がないように思われるかもしれない。

　基本的にははっきりと発音するようにし、聴衆の数が多い場合、マイクを使う場合、そして年配の方が多い場合などは少しゆっくりとしたスピードで話すとよい。

直前準備

　プレゼンを成功させるためには、直前まで準備を怠ってはならない。

　可能であれば会場には事前に行ったほうがよい。それが無理な場合にはできるだけ早く会場に行って、会場に入り込む太陽光線の具合、空気がよどんでいないかどうかなどのチェック、マイクのテスト、パソコンやプロジェクターのチェックおよびセッティングをする。特にパソコンやプロジェクターのセッティングは予想に反して時間がかかったり、不具合が起きたりすることがあるので注意したい。

　マイクに関しては、会場にある複数のマイクを同時にONにしてもハ

ウリングが起きないかをチェックする。また、どのマイクがいちばん音響がよいかもチェックする。ピンマイクを使用する場合は、どの位置につければ音を確実に拾うかをチェックする。ハンドマイクの場合は、下唇のすぐ下にマイクヘッドを持ってくると確実に音を拾えることを覚えておき実践しよう。

4　プレゼンテーションを聞く

聞き手の役割

　本章で何度か説明しているように、プレゼンが成功するかどうかの責任の半分は、聞き手にあるといっても過言ではない。プレゼンでは、話し手と聞き手の間にラポール（信頼に基づいた一体感）が形成されるかどうかが重要だが、聞き手が話の内容に積極的に関心をもち、話し手と関わろうという気持ちがあることがラポール形成にとって不可欠である。

　「視線」の項で説明したように、話し手と視線を合わせ、話し手が聞き手を笑わせようと冗談をいった際などには積極的に笑うなど、協力的な姿勢をもとう。話の内容に同意するとき、あるいは納得したときにはうなずいたり、にっこりしたりしよう。

　また、積極的にメモをとろう。

　聞き手がこのようなリアクションをすることで、話し手はリラックスでき、もてる力を十分に（あるいはそれ以上に）発揮できる。その結果、聞き手と話し手の双方にとってプレゼンの場と時間を共有したことがプラスに働くことになる。

　このように、聞き手の役割はとても重要なので、授業でのプレゼンでは、聞き手が十分にその役割を果たしているかどうかもチェックすべきである。

質疑応答

　話し手は聞き手からの質問を怖がってはいけない。質問が出るということは積極的に聞いてくれた証なので、質問を歓迎すべきである。どのような質問が出るかを事前に予測し、予想される質問の答えに必要な資料などを用意しておこう。プレゼンは質疑応答が終わるまで終わっていない。プレゼンそのものはよかったが、質疑応答で評価を下げるケースが珍しくない。グループ内で質疑を予想し、質疑応答の練習をしておくとよい。

前項の「聞き手の役割」で説明したように、聞き手には積極的に聞く姿勢が求められる。その姿勢を表す方法のひとつが質問をするということである。「質問ありますか」といわれてから質問を考えるのでは遅すぎる。プレゼンを考えながら聞き、メモした紙や配付資料の質問したい箇所に印をつけるなどしたほうがよい。

　また、最初の質問は出にくいものなので、リーダーシップを発揮して、積極的に質問をするようにしよう。最初の質問は細かい点ではなく、話の全体に関わるような質問がよい。

　質疑応答の時間が限られている場合は、ひとりでいくつもの質問をするのは避けたほうがよく、二つを限度とするとよい。

　また、自分の意見を長々と述べる人がいるが、質疑応答の時間はあくまで質問に限ること。司会者が、「質問またはコメントをお願いします」といった場合にはコメントをしてもよい。ただ、その場合でも冒頭に「これはコメントですが……」と断ったほうがよい。

　質問されて答えに困ることがある。そのときはごまかして適当に答えるのではなく、「調べてから後で回答します」「再度検討してからお答えします」など、誠実な態度で返答したほうがよい。質問する側は、自分の考え（つまり答え）をもち合わせていることが多いので、「あなた（○○さん）は、いかがお考えですか？」と逆に考えを尋ねるのもよい方法である。

課題12
自分たちのプレゼンテーションに対してどのような質問が出るかを想像し、最低10の質問を考えて、概略的なことから詳細にわたることの順で並べよう。そのうえで、回答を考え、実際に質疑応答の口頭練習をしよう。

評価

　授業などでは、プレゼンの後に口頭による評価（フィードバック）をおこなうことがある。公式なプレゼンの場合には書面によるアンケートが用意されていることがある。

　いずれの場合も、聞き手は評価判定するという発想ではなく、協働的な姿勢で、よかった点を高く評価し、もっとくわしく聞きたかったポイントや不必要だと思えた論点を指摘したりするとよい。

　特に授業でのプレゼンにおける評価については、非言語的な要素やプ

フィードバック用紙の例

フィードバック用紙

作成日：　　　　年　　月　　日
発表者：
評価者：

1. プレゼンテーションの要点

2. いちばん影響を受けた（納得できた）点

3. あまり納得できなかった点

4. プレゼンテーションの方法で見習いたいと思った点

5. プレゼンテーションにおいて改善したほうがよいと思った点

6. その他

レゼンのスキルのことよりも、内容に重点を置き、プレゼンを聞いたことによって、自分の思考にどのような影響があったか、といったことを共有したい。

チェックリスト

プレゼンテーションに臨む前に以下の点をチェックしよう。

- [ ] 今回のプレゼンテーションの目的を簡潔にいえる
- [ ] おもな論点はいくつあり、それが何であるかをいえる
- [ ] (グループプレゼンの場合)それぞれのメンバーの役割が頭に入っている
- [ ] どのような会場でおこなうかを知っている
- [ ] どのような人たちが何名くらい聞きにくるかを知っている
- [ ] 視聴覚補助機器を使用する場合、支障なく使える状態である
- [ ] 用意すべき配付資料はそろっている
- [ ] 時間経過を把握するために時計を準備してある
- [ ] 聞き手の反応を確かめながら語りかけるようにするつもりである
- [ ] 原稿の代わりになるメモを用意してある
- [ ] 質疑応答で予想される質問に対する回答の準備をしてある
- [ ] プレゼンの冒頭でいうことと、締めにいうことをごく自然な調子でいえるようにしてある

パブリック=公ということ

本章の冒頭で、プレゼンテーションはパブリック・コミュニケーション (public communication) のひとつの形態であると説明した。

このパブリック・コミュニケーションとは、パブリック、つまり公的な場でのコミュニケーションを意味する。友だちと内緒話をしているわけではなく、話をしている場面が公な場であると意識されているのである。授業もこれにあてはまる。一般世間にオープンになっている空間ではないが、教員と複数の学生が大学のシステムのなかで共有している空

間(時間)なのでパブリックであるという認識である。

　それとともに、内容的に公共性をもっていることも意味する。個人の感情の発散(だけ)の場ではなく、より多くの人が関心をもつべき公共性のあることを話題とすることが期待されている。

　そのため、高い倫理性も要求されている。データを改ざんしたり、出典を明らかにせずに自分の意見のごとく引用したりしてはいけない。真摯な態度で臨むことが大切であり、話し手も聞き手も「学びの場」であるととらえることが何よりも重要である。だから、話し手は手を抜かず全力で準備をし、聞き手も神経を集中し、協働的態度で聞くことが肝要である。

- ブックガイド
・ゼラズニー,G. (2004)『マッキンゼー流 プレゼンテーションの技術』数江良一他訳,東洋経済新報社.
・高田貴久(2004)『ロジカル・プレゼンテーション——自分の考えを効果的に伝える戦略コンサルタントの「提案の技術」』英治出版.
・デュアルテ,N. (2014)『スライドジー——プレゼンテーション・ビジュアルの革新』熊谷小百合訳,ビー・エヌ・エヌ新社.
・レイノルズ,G. (2014)『プレゼンテーションzen——プレゼンのデザインと伝え方に関するシンプルなアイデア　第2版』熊谷小百合訳,丸善出版.
・ワイズマン,J. (2004)『パワー・プレゼンテーション——説得の技術』グロービス・マネジメント・インスティチュート訳,ダイヤモンド社.

第4章
ディベートの方法

ディベートという議論形式の目的、準備のしかた、
議論の展開法、評価の方法などについて説明する。
対立が生じるテーマでの議論において、
どのように準備し、どのような姿勢で臨むべきなのかを理解し、
議論に積極的に参加して生産的な議論活動を
体験できるようになることを目標とする。

1 ディベートとは何か

授業中に議論したことがある?

　中学や高校の国語や社会科の授業などでクラスメートとよく議論したという覚えがあるだろうか。

　残念ながら「あまり記憶にない」という方が多いのではないだろうか。事実、少なくとも戦後の日本では、国語は「批判なき鑑賞」、社会科は「疑問なき暗記」といった言葉に集約されるような授業内容がほとんどの学校で展開されてきたように思われる。

　また、入学試験では論述式の問題が大幅に減少し、マークシート方式の問題が主流になったことにより、事実を正しく暗記しているかどうかの力と、「四つの選択肢から正解を選び出す」という消去法的解答力や狭い意味での類推力が知らず知らずのうちに重要視されるようになってしまった。

　しかし、大学に入ればそれまでの「生徒」から「学生」になり、「批判的思考力(Critical Thinking)」「論理的思考力(Logical Thinking)」「迅速な思考力(Quick Thinking)」といった考える力が重要視されるようになる。これらの「考える力」は、他者との議論(argumentation)の過程において必要不可欠であり、かつ議論する過程で養われるものでもある。また、大学、大学院で勉学・研究をしていくためには、他の学生や教員と議論することを避けて通るわけにはいかないのである。

　つまり、大学の授業において議論の質を高めようとすることによって、あなたの思考力は確実に向上し、議論を通して多くのことを学べるのだ。

　さらに、ゼミナールなどの専門教育では、調査(research)や分析(analysis)する力もとても重要になる。調査や分析から得た見解に基づいて議論することが大切であるし、調査結果や理論などに基づいて価値判断をして、それを提案に結びつけることが必要となる。

　これらの力は、学部での勉学のみならず、大学院で研究を続けたり、実社会で活躍したりするためにも不可欠であるので、学部生時代に十分に力をつけておくとよいだろう。

そこで、本書を活用して、ディベートを通して、議論することを体験し、そして同時に議論する力を向上させよう。

課題1
4～5人のグループを作り、①中学・高校生時代の「社会科（地理、日本史、世界史、現代社会、政治・経済、倫理）」の授業はどのように進められたか、そしてそれらの授業でどんな力がついたと思うか、②いまふり返るとどのような授業だったらよかったかについて情報および意見交換をしよう。授業中に議論した経験があるという学生は、どの科目で、どんなトピックについて、どのような形式で議論し、当時どのような感想をもったかなどについても話そう。話し合いの後に各グループの代表は話し合った内容を数分間でクラス全体に向けて報告しよう。

ディベートとは

本章では、ディベートを通して議論することを体験する。

そもそもディベートのことを「相手を言葉でやりこめる術」「単なる言葉のゲーム」ととらえている人が少なくないようだ。そこで、まずディベートとは何かということから解説を試みることとする。

ディベートとは「ひとつの論題に対して、対立する立場をとる話し手が、聞き手を論理的に説得することを目的として議論を展開するコミュニケーションの形態」である。

ディベートは以下の三つの構成要素によって成り立っている。

① 論題（命題）(proposition/motion)
② 2組に分かれた話し手 (debaters)
③ 聞き手 (listeners/judges)

論争や討論といった言葉を使わずに、「ディベート（まれにディベイトと表記）」とカタカナで表記をするのは、ディベートの目的と形態をより明確にするためだと思われる。特に、ディベートにおいて説得を試みる対象は議論する相手ではなく、第三者の聞き手であるという点を理解しておく必要がある。

この点からすると、実社会で展開されている論争や討論のうち、ディ

ベートとしてとらえてもよい例として、法廷での検察側と弁護側の論争、大統領選挙戦でおこなわれるテレビ討論、イギリスの議会や日本の国会でおこなわれる党首討論などを挙げることができる。日本の国会でおこなわれる党首討論の場合、イギリスのクエスチョン・タイムを模倣している関係上、与党党首と野党党首が向かい合って討論している。しかし、互いに相手を説得できるとか、説得しようとか思って話しているわけではない。討論を報道するマスコミ関係者やそれをテレビで見ている（あるいはラジオを通して聞いている）国民に向けてメッセージを発信し、自らの考えのほうが優れていることを受け入れてもらおうとしているわけである。

　上記の実例のように、ディベートは政治との関係性が強い。事実、ディベートは民主主義を実現するための「装置」であり、かつまた民主主義が実現されている「象徴」として考えられてきた歴史がある。反対意見をもっている人たちを力で抑え込むのではなく、反対意見に耳を貸すことを重視するという発想に基づいている。

　ディベートはディスカッション（discussion）ともさまざまな点で違う。ディスカッションでは、テーマを二つの立場に分かれるように設定する必要はない（例：「〇〇市の環境問題」「わが国の大学教育のありかたについて」）。また、参加する人たちはディスカッションがはじまる際に自分の立場を明らかにする必要がない。それだけでなく、自分の考えを討論中に変えてもよいし、ある意味では変えることが期待されている。そして、最後に参加者の考えがひとつにまとまることを理想としてディスカッションはおこなわれる。

課題2
4～5人のグループを作り、商取引上の交渉（negotiation）はディベートの実例に当たるかどうかについて話し合おう。ディベートとの共通点、相違点について話し合うこと。話し合いの後に各グループの代表が話し合った内容を他の人たちに数分間で報告しよう。

2　ディベートのしかた

何についてディベートするの？

　ディベートではどのようにテーマを設定するのか。
　「この物体は水に浮くか」といった「絶対的な真実(the absolute truth)」を測定し、誰の目にもはっきりとわかるように証明できることではなく、議論をもとにして、受け入れるか、あるいは拒否するかを判定する論題(ディベートでは「命題」というよりは、「論題」という語を使うことが一般的)を扱う。つまり、もともと意見が二分されている論題について議論する。「真実」が存在しない(議論の余地がある)からこそ、ディベートを通して議論する意味がある。
　具体的には、「邪馬台国は九州にあった」「阪神タイガースは今シーズン、セ・リーグ優勝を果たす」といった事実論題や「わが大学の語学教育プログラムはすばらしい」「○○屋のラーメンのほうが××屋のラーメンよりもおいしい」といった価値論題をディベートとして取り上げることができる。
　しかしディベートでは、これら二つの事実論題・価値論題よりも「わが大学はキャンパスを移転すべきである」「日本は消費税を15％にするべきである」といった政策に関する論題(政策論題)を扱うことのほうが多い。この種の論題の場合、政策を導入したとしたらどのような結果をもたらすかというシミュレーションをプラスとマイナスの両面からおこなうととらえるとわかりやすいであろう。

ディベートはこうやっておこなう

1｜進行形式
　ディベートにはさまざまな進行形式があるが、自分たちの立場を明らかにする「立論(基調スピーチ)」(注：第2章で説明した立論とは違い、ここでは自分たちの立場を明らかにするためのスピーチを意味する)、相手の議論内容を直接確認したり、相手に意見を求めたりするための「質疑応答」、そして議論を

深めたり、まとめたりするための「その他のスピーチ」という3種類のプレゼンテーションの形態でディベートが構成される。

また、論題を肯定する側からディベートをはじめ、肯定する側の発言で終了するのが一般的だが、この規則には特に縛られることはない。

その他の考慮すべき点については以下のとおりである。

A）時間

全体で何分間かけるのかをまず決める必要がある。ディベートの大会では1試合40〜60分くらいかかる形式が多いが、授業でおこなうディベートは、15〜30分程度でよいだろう。ロスタイム、ディベート後のコメントを考え、90分授業で2試合をおこなうとなると、1試合あたり最長でも30分間が限度である。

数多くの人たちの前で公開ディベートを開催する際には、聞き手の集中力を考え、最長でも40分間としたほうがよいと思われる。

そして基本的には双方のチームが同じだけの時間話ができるように時間を配分するようにする。

B）人数

大会では1チームあたり2名、3名、あるいは4名で構成されるルールを採用していることが多く、大学生の場合は2名、中学・高校生の場合は4名のケースが多い。授業でおこなう場合は、6名程度までよしとしてもよいだろう。

また、大会では必ず指定された人数でチームを構成しなければいけないが、授業では臨機応変に対応すればよいであろう（チームによって多少の人数の違いはよしとする）。

C）ローカル・ルール

大会ではさまざまなルールが事細かに決められているが、授業でおこなうディベートでは臨機応変に対応し、その場限りのローカル・ルールを採用すればよい。

たとえば、各スピーチや質疑および応答は、事前に決められた担当者がそれぞれひとりでおこなうということになっているが、授業でおこなう場合には、これらの点についても適宜ルールを決めればよい。ただし、全員が発言することを義務づけるルールにはしておいたほうがよいだろう。

決められた時間を使い切らなかった場合には時計を最後まで止めず

にディベートを進める(つまり沈黙の時が流れる)のが大会では一般的であるが、この点についても適宜ルールを決めればよい。

2｜論題の原則

事実論題、価値論題(この二つを同じジャンルとして判断論題ととらえてもよい)、そして政策論題のいずれの場合も、肯定・否定に分かれることが可能なように、論題をひとつの文にする。そして、必ずひとつのトピックを扱うことにし、混乱を避けるためにかたちのうえでは肯定文にしたほうがよい。

以下に悪い例と、改善した例を見てみよう。

　　（×）　日本における英語教育について
　　（○）　日本は小学1年生から英語を必修教科にすべきである

　　（×）　本学は校名を変更し、授業料を値上げすべきである
　　（○）　本学は校名を変更すべきである
　　（○）　本学は授業料を値上げすべきである

　　（△）　本県は新空港を建設すべきではない
　　（○）　本県は新空港建設計画を白紙に戻すべきである
　　（○）　本県は新空港建設を推進すべきである

課題3

最近の新聞記事をもとに、事実論題、価値論題、政策論題をそれぞれ三つずつ書こう。

ディベート教育で特に強調しておきたいこと

1｜判断留保の姿勢

大学でのディベート実践では、時間が許せば、ディベート大会と同じようにひとつの論題(例:本学は校名を変更すべきである)についてYesおよびNoの両方の立場でディベートを経験してもらうのがよい。たいがいの人はある提案(論題)を聞くと、直感で自分の立場(賛成・反対あるいはどちら

ともいえないという立場）を決める傾向がある。ディベートは、その直感の意見をいったん頭のなかから消し去って、いろいろなことを調べたり、検討したりしてみる機会である。

　このように判断をいったん留保する姿勢は、学問に取り組む学生として必要不可欠なことである。そして、自分たちの慣例とか経験が必ずしも常識ではない国際社会で将来活躍していくためにも、とても重要になることである。知らず知らずのうちに自分の価値観で物事を即決してしまっている人にとって、価値観や発想の違う人の考えに耳を貸す姿勢を育てるためにディベートは有効な教育方法となるはずである。

2 ｜ 議論を恐れない文化

　残念なことに大学教員のなかにも学生からの質問や反論を嫌う者が、まだ少数ながらいるようである。「学生は教員から知識を授かる」といった固定的な関係で互いを縛るのではなく、学生同士はもちろんのこと、学生と教員が活発に議論するといったダイナミックな関係性が大学では求められているはずだ。教員のほうも「こんな事実も知らないのに、学生に議論なんて無理ですよ」と考えず、議論の準備をする過程で知識が増えることを理解し、学生が主体となって取り組めるような議論が授業中に展開される方向にもっていくべきであろう。

　授業での限られた時間内でのディベートの実践だけでは、学生個人個人の能力を飛躍的には向上させられないかもしれない。しかし、多くの学生がディベートを体験することで、感情的にならずに議論ができる大学文化を創造し、大学教育の質の向上を図ることに役立つはずである。

　議論文化を創造することの重要性については、企業に関してもあてはまる。近年、不祥事を起こしている企業の共通点は、「議論できない空気が何年にもわたって漂っていた」ということだ。会議で質問しただけでにらまれるような体質をもち合わせた企業は、リスク管理能力に欠けている。社員の議論にしっかりと耳を傾け、冷静に判断できる管理職を育て、議論を恐れない社員を増やし、冷静に議論することは企業にとって生産的な活動であるということを多くの社員が実感することが重要である。

　こういった点から考えても、大手企業をはじめ、数多くの企業や各種団体がディベート研修を実施していることはとてもよいことである。

どうやって分析するのか

1 | 肯定側

　政策論題に取り組む場合、肯定・否定のどちらの側に立つにしろ、肯定側の分析からはじめるとよい。

　まず論題がどのようなことを議論することを規定しているかを、論題に使用されている語句を定義したりして考える。

　そして、現状はどうなっているかを概観したうえで、現在どのような問題が存在し、その問題がどのくらい重大で、その原因は論題とどのように関連しているかを分析する。

　さらに、論題を具体化するプラン（いつから、誰が、何をするのかなど）を考えて項目ごとに箇条書きにする（それぞれの項目を挙げる理由を述べる必要はない）。

　そして最後に、現状がどのように変わるのか（問題がなくなる・改善される／現状には存在しないよいことが新たに起きる）を考える。

- 問題の重大さ
- 問題と論題との関連性
- 論題を具体化したプラン（解決策）
- 論題採択後の変化（メリット）

2 | 否定側

　否定側のほうは、論題（あるいは肯定側のプラン）を採択することによって生じるであろうと思われるデメリットから考えはじめるとよい。

　論題が採択されない（例：国会で法案が否決される）という議論は考えない。採択されたとしたら、どうなるかを考えるのがディベートをする人に課せられた任務である。

　そして、否定側に立つ者は、否定的なシナリオを考えるという役割を演じることになっている。よって、論題を採択すると現状よりも事態が悪くなるという議論を考え、「……すべきでない」と主張する。「……する必要はない」では議論として弱い。

　つまり、論題あるいは肯定側のプランはどのようなもの（どのような意図によって施行される）で、採択後、弊害が生じることを議論する。

・論題(あるいは肯定側プラン)の意図
・採択後の状況(デメリット)
・デメリットの深刻さ

　デメリットを考えたら、次に肯定側の議論を推測し、それぞれの議論に対する反論を考える。

課題4
次ページの表を使って、(1)肯定側の議論(1〜6)、(2)否定側の議論(今回は7のみ)を考え、それぞれのポイントをできるだけ短い文にしてまとめてみよう。

論題：日本の中学・高校はディベート教育を推進すべきである

	肯定側	否定側
1. ディベートとは（定義）		
2. ディベートをあまり学習していない（現状）		
3. あまり学習していないことで何か問題があるのか（問題）		
4. その問題はディベートを学習していないことと関係があるのか（原因）		
5. ディベート学習をどうやって推進するのか（プラン）	① ② ③	
6. プランを採択すると問題は解消し、よいことは起こるのか（メリット）		
7. プランを採択すると新たな問題は生じないのか（デメリット）		肯定側は何をしようとしているのか 肯定側のプランを採択するとどんな悪いことが生じるのか そのデメリットはどのくらい深刻か

3　ディベートをする

ミニ・ディベートを体験してみよう

　4人1組になって、以下のように4人が顔を合わせて座り、「日本の中学・高校はディベート教育を推進すべきである」を論題としてディベートをしてみよう。AさんとBさんが肯定側になり、CさんとDさんが否定側になる。

進行形式は以下のとおり。

肯定側スピーチ	A	1分
否定側質疑	C→A	1分
否定側スピーチ	C	1分
肯定側質疑	B→C	1分
準備時間		1分
肯定側スピーチ	B	1分
否定側質疑	D→B	1分
否定側スピーチ	D	1分
肯定側質疑	A→D	1分

　ディベートが終わった後に、4人で互いの議論内容や話しかたなどについてコメントし合おう。

課題5
・この章の最後におこなうディベートの論題をクラス全体でひとつ決めよう。
・チーム分けをし、チーム・メンバーと集まり、次ページ以降の作成用紙を使って、授業中におこなうことになったディベートの論題に関する肯定側立論・否定側立論の骨子をまとめよう(なお、論じるメリットはひとつか二つに絞ろう)。

立論を作成してみよう

1 | 肯定側立論

　立論とは読んで字のごとく、論を立てるためのスピーチ（基調スピーチ）である。限られた時間内で、不要な言葉は削り落とし、誰が聞いても誤解のないように、番号や見出しを効果的に使って、わかりやすい構成にする。分析したものをそのままの順番で話したからといって聞き手にとってわかりやすいとは限らない。

　第2章で説明したレポート・論文や、第3章で解説したプレゼンテーションの場合と同じように、基本的には「序論―本論―結論」という流れで構成する。

　序論では、肯定側の考えを手短にまとめるか、あるいは現状の問題を強調したうえで、論題を読み上げる。

　本論では、現状がこのように変わるというよい点（メリット）をひと言でわかりやすくまとめたうえで、問題の重大さ、問題と論題との関連性、プランの効果などについて、やはり小見出しをつけてからくわしく述べるようにする。

　結論に関しては、議論全体をまとめる、あるいはどんなふうに事態が好転するかを強調すればよいだろう。いずれにしても、論題の採択を強く、手短にアピールする。

肯定側立論（基調スピーチ）作成用紙

われわれ肯定側は、

と考えます。よって、「　　　　　　　　　　　　　　　　　　　」
という論題に対し、肯定の立場をとります。
具体的には以下のようなプランを提案いたします。

①
②
③

（注：プランの項目数は三つにしなければいけないということではない）

このプランを採択することによって二つのメリットが生じます。
メリット1：

このメリットについて以下の3点に分けてご説明いたします。
小論点A：
(現状の問題分析)

小論点B：
(論題との関連性)

小論点C：
(問題の解消／メリットの重要性)

次にメリット2をご説明いたします。
メリット2：

このメリットについて以下の3点に分けてご説明いたします。
小論点A：
(現状の問題分析)

小論点B：
(論題との関連性)

小論点C：
(問題の解消／メリットの重要性)

以上のとおり、この論題を採択することにより、

ということになります。
よって、われわれ肯定側はこの論題を採択すべきであると主張いたします。

2 | 否定側立論

　否定側立論も、「序論―本論―結論」という流れは同じである。

　序論で、肯定側の議論全体を手短にまとめるか、あるいは現状のよい点を説明したうえで、論題(あるいは肯定側のプラン)を採択することによって、深刻なデメリットが生じることを強調し、論題採択に強く反対する旨を説明する。

　本論では、肯定側が提案しているプランの目的・特徴を説明し、それを採択することによって新たにどのような弊害が生じ、それがいかに深刻な問題であるかを、やはり小見出しをつけてからくわしく述べるようにする。

　結論に関しては、議論全体をまとめるか、どんなふうに事態が悪化するかを強調すればよいだろう。いずれにしても、論題の採択に対して否定の立場をとることを強く、手短にアピールしよう。

課題6

下の作成用紙を使って、否定側立論(基調スピーチ)の骨子をまとめよう(なお、論じるデメリットはひとつか二つに絞ろう)。

否定側立論(基調スピーチ)作成用紙

われわれ否定側は、

と考えます。よって、「　　　　　　　　　　　　　　　　　　　　　」
という論題に対し、否定の立場をとります。
肯定側のプランを採択することによって二つのデメリットが生じます。
デメリット1：

このデメリットについて以下の3点に分けてご説明いたします。
小論点A：
(肯定側プラン〔論題〕の目的・特徴)

小論点B：
(デメリットが生じる過程・理由)

> 小論点C：
> （デメリットの深刻さ）
>
>
> 次にデメリット2をご説明いたします。
> デメリット2：
>
> このデメリットについて以下の3点に分けてご説明いたします。
> 小論点A：
> （肯定側プラン〔論題〕の目的・特徴）
>
> 小論点B：
> （デメリットが生じる過程・理由）
>
> 小論点C：
> （デメリットの深刻さ）
>
>
> 以上のとおり、この論題を採択することにより、
>
>
> ということになります。
> よって、われわれ否定側はこの論題を採択すべきではないと主張いたします。

どうやって主張を強めるか

　ディベートにおいては、主張を強めるのに証拠資料を活用することが期待されている。肯定・否定の双方が同意した論点には証拠資料は必要ない。しかし、考えかたに相違が見られる点については、どちらの論点のほうを受け入れるべきかを判断する必要が聞き手に生じる。その際に、より質の高い証拠資料を伴った主張のほうを聞き手は受け入れる傾向にあることを覚えておこう。

　証拠には「第1章　テキストの読解と要約の方法」でも説明したよう

に①統計、②実験結果、③実例、④専門家の意見などが採用される。

そして、本、雑誌、新聞、インターネットなどから引用する形式をとるが、引用する際には、①出典を明らかにし、②どこからどこまでが引用であるかを「引用開始」「引用終了」といってはっきりさせ、③文脈が変わらないことを条件として途中をとばすことも可能であるが、その場合は「中略」という、といったことが必要である。また、出典については信憑性の高さが問われるので、個人のウェブサイトからの引用は避けるべきであろう。「第2章 レポート・論文を書く方法」と「第3章 プレゼンテーションの方法」でも説明したが、①証拠をねつ造したり、②文脈からはずれた使い方をしたりしてはいけない。

質疑応答の際に対戦相手から、あるいは試合後に審判から証拠資料の提示を求められたら、すぐに出せるように情報カードなどにコピーを貼りつけておくこと。

どうやって議論を深めるか

互いの議論を深めるために、的確な反論をする責任がディベーターにはある、と考えてほしい。テニスや卓球と同じように、議論のラリーがディベートの醍醐味である。

相手に反論してほしくないな、と思ってはいけない。相手からの反論を楽しみにするくらいの姿勢を身につけたいものだ。相手の反論が予想しえないようなすばらしいものであればあるほど、自分を成長させてくれるのだ。

また、ディベートを聞いている人たちにとっては、ディベーター同士がよい反論をくり広げることによって、立論の議論をよりよく理解できるし、何が争点なのかがよくわかるようになる。

反論とは揚げ足とりではない。単に反論すればよいのではなく、自分たちの立場と矛盾を起こさないように議論を進める必要があるのはいうまでもないことである。

1｜反論のための発想

ディベートの試合がはじまらない限り、相手が何をいってくるのかはわからない。そのとおりである。しかし、はじまってからその場で反論を

考えられるようになるには相当な経験を必要とする。
　ディベートでは、スポーツと同じように、相手の作戦を事前に考え、それにどう対処するかというパターンをいくつか用意しておくと、本番で慌てないで済む。まずは、自分たちが考えた肯定側の議論にどのように反論するかを考えるとよいだろう。

　　[課題7]
　　119ページにある表のうち、否定側の1〜6の欄に、否定側の反論を箇条書きでまとめてみよう（なお、ひとつの議論に対して複数の反論を考えるとよい）。

なお、反論に関しては以下のような発想や表現を活用できるであろう。

・〔発想〕本当にそうですか？
　→〔表現〕そうではないと思います。
　　　　　　必ずしもそうとはいえないと思います。
・〔発想〕だから何が問題なのですか？
　→〔表現〕たいした問題ではないと思います。
　　　　　　それが重大(深刻)な問題といえるでしょうか。
・〔発想〕たとえそうだとしても……。
　→〔表現〕論題と何の関係もありません。
　→〔表現〕論題を採択しても問題は解消しません。
　→〔表現〕論題を採択してもそのような弊害は生じません。
・〔発想〕それでどうして……結論がそうなるのですか？
　→〔表現〕だからこそ論題を採択すべきなのです。
　→〔表現〕だからこそ論題を採択すべきではないのです。
・〔発想〕どちらが重要だと思いますか？
　→〔表現〕メリットがデメリットを上回ります。
　→〔表現〕デメリットがメリットを上回ります。

2｜反論の話しかた

　反論をする際には普段よりも早口になる人が多い。よって、立論以上に構成に気を配る必要がある。
　以下のような順番でおこなうと効果的であろう。

1. どの議論に反論するかを明確にする。相手が議論につけた番号やABCなど（これらを「道標」とか「サインポスト」と呼ぶ）を必ずいったうえで、小見出しをくり返すか、手短にいい換える
2. それぞれのポイントに対して反論が複数ある場合は、いくつ反論があるかをいう。できるだけ複数用意するようにしよう
3. 反論の結論（小見出し）をまず手短にいう
4. 小見出しをいった後に理由などを述べる。かなり重要な争点になっているポイントについては、追加の資料などを引用するとよい場合もある
5. 時間があれば反論をまとめる（省略することが多い）

3 | 反駁の話しかた

相手から反論され、それが効果的であったら、自分たちの議論は弱められたことになる。よって、機会や時間が許す限り、反論に対する反論をして自分たちの議論を建て直す必要がある。この行為のことを反駁と呼ぶ。第2章でも説明したように、反駁とは「自分の主張に加えられた批判や反論に対して再反論して、自分の立論を擁護すること」である。

反駁は、以下のような順序でおこなうとわかりやすくなる。

1. 建て直す自分たちの議論を簡単に述べる。その際に、立論で議論につけた番号やABCなどを必ずいう
2. 相手の反論の内容を簡単にくり返すか、いい換える。ここで時間をとらないことが大切である
3. 反論に対する反論（反駁）が複数ある場合は、いくつあるかをまずいう
4. 反駁の結論を手短に（複数ある場合は番号をつけながら）述べる。立論で述べた議論を再活用すると時間をセーブできる
5. 反駁ごとに理由などを説明する
6. 反駁を手短にまとめる（省略することも多い）

Chapter 4

判定を下してコメントをする

　ディベートにおいては、審判（勝敗をつけないときはコメンテーター）の役割がとても重要である。ディベートをやりっぱなしにしてはいけない。もちろん、ディベーターの自己評価（省察）も重要だが、聞き手がどのように議論を理解し、どのような評価を下したかを聞くことによって、ディベーターはより多くのことを学べる。

　審判はディベーターの話しかたや視線など非言語コミュニケーションの要素についてもコメントしてよいが、基本的には議論そのものに焦点を当てる。ディベートを聞いた限りにおいて、論題を採択すると、どのような事態が発生すると結論づけられるかを判断し、現状よりもよい状態になると判断すれば肯定側、現状よりも悪い状態になるという判断に至れば否定側を勝ちとする。

　ディベートの評価に関する留意点を以下に挙げる。

① 自分の意見に左右されない
　「私はこの論題に根本的に反対なので否定側の勝ちとします」などという判定のしかたはもちろんいけない。ディベーターが個人の意見をいったん留保してディベートをしているように、審判も自分の考えを白紙の状態にしてディベーターのいうことに耳を傾けるのが最低限必要なことである。

② 話し手の話しかたや性格に影響されないように聞く
　声の大きな人に圧倒されたり、話しかたの上手な人に知らず知らずのうちに引き込まれたりするものである。こういった表面的なことに惑わされない批判的な聞きかたをトレーニングすることもディベート教育の重要な目的である。「肯定側のほうが堂々と話していたから肯定側の勝ちとします」「否定側のほうが誠実そうだったから否定側の勝ちにします」「肯定側は何か偉そうに話していたので嫌いです。だから否定側の勝ちとします」といった判断理由はすべて悪い例である。

③ 全体を見極める（木を見て森を見ない聞きかたではいけない）
　人間はよく理解したことをもとに判断を下しがちである。最後まで聞かず、自分が考えていることを代弁してくれた議論を高く評価したり、あるいは気に入った議論をディベートの全体的

な流れとは関係なく評価してしまったりすることがよくある。議論を部分的にしか聞かないのはまずい。一つひとつの議論が全体においてどのような意味をもつかを検討しなければいけない。そして、常に肯定側と否定側の議論を比較検討する必要がある。「〇〇の点に関して触れていなかったので肯定側の勝ちとします」「〇〇と××の点に関して矛盾を起こしていたので否定側の勝ちとします」といった判断は少なくとも説明不足である。それぞれが勝敗を決めるうえでどのように重要かを検討する必要がある。最終的には、肯定側の政策と否定側の政策(個々のメリット・デメリットの議論)を比較し、よりよい政策を提示したと判断する側を勝ちとする。

ノートのとりかた

ディベートに臨む際、ただ漠然と聞いていてはいけない。しっかりとノート(flow-sheet)をとる必要がある。

A3またはB4の紙を使い、以下のようにスピーチの数だけ紙を折ってコラムを作る。

① ディベート用のノートは、議論の流れ(flow)がわかるということから、通常フローシートと呼ぶ。
② フローシートは、ディベーターも審査員もディベートの記録としてとる。
③ ディベーターは、自分がおこなうスピーチのメモとしても使う。
④ 1試合の時間が短い場合はA3またはB4サイズ1枚、試合時間が長い場合、あるいは経験豊富なディベーターがディベートをおこなう場合は、2枚以上必要である。
⑤ スピーチの数だけコラム(列)を作る。そして、ディベートの進行形式に合わせて、左から書き込んでいく。
⑥ 上段には肯定側立論が提示するメリットと、それに対する反論・反駁の議論を書きとる。下段には、肯定側立論が提示するプランと、否定側立論が提示するデメリットと、それに対する反論・反駁を書きとる。

肯定側立論	否定側立論	肯定側反論	否定側反論	肯定側反駁	否定側反駁

⑦ 質疑応答は重要な応答以外はくわしくノートをとる必要はない。
⑧ 肯定側の議論を黒（のボールペン）で、否定側の議論を赤で記録する人が多い。
⑨ 議論についている番号やABC、そして小見出しを必ず書きとる。その他、議論の内容を網羅的に書きとるように努める。しかし、全文を書きとることは不可能なので、キーワードを書き留めるようにする。数字が出てきたら必ず書き留める。また、議論と証拠の区別がつくようにする。証拠についてはできる限り、出典と概要を書きとる。

ディベートをしてみよう

それではここで、やや本格的なディベートをおこなってみよう。1チーム3～5名で構成し、肯定・否定を決定してから最終準備をおこなう。

立論、反論、反駁の各種スピーチは、立っておこなうのが一般的だが、最初は誰でも緊張するので、座っておこなってもよいだろう。

質疑応答については、各チームの人数が多い場合には、スピーチの担当がない者が担当するというローカル・ルールを採用するとよい。あるいは、質疑と応答のいずれも誰がおこなってもよいというルールでもよい。質疑応答は座ったままでおこなうほうがスムーズに進むであろう。

審判（勝敗をつけない場合はコメンテーター）も事前に決めること。

フローシートに書き込んだ例
論題：日本は小学校において英語を1年次から必修教科にすべきである

肯定側立論	否定側立論	否定側第1反駁	肯定側第1反駁	否定側第2反駁	肯定側第2反駁
プラン 1)小学校1年から 2)週2時間 3)TT					
I.英語力↑ A.英語力低い ビジネス× 国際政治×	→	英語力上がらない 低くない ビジネスOK 英語力の問題以外	上がる ☆TOEFL 誰でも英語使用 品質の違い 英語×=会議×	上がらない 早期学習必要なし TOEFL日本受験者 多い→問題ない	上がる 国際マーケティングで 重要
B.遅すぎる 13歳では無理 ☆○○教授 発音手遅れ		遅くない 中学からでOK 英語できる人多い 日本人発音でOK	遅い 英語の知識あっても 使えない 発音重要	遅くない できる人多い 遅くない	早いほうがよい 英語使いながら学ぶ
C.英語力かなり↑ 正しい発音 恐れない態度		上達しない 開始年齢× 勉強時間数○	遅くないとしても総時 間数増える	無駄な時間↑だけ	外国人対する態度重要
II.景気↑ A.景気後退 高い失業率 ☆経済白書	→	上がらない 下がる可能性あり 英語教育と関係なし 景気は好転している 現在のこと	上がる 英語教育マーケット大 まだまだ	上がらない マーケット大きくない	上がる これからさらに↑ まだまだ
B.英語教育産業 潜在マーケット		必修化=学校で無償 で学べる	検定教科書配布	教科書無償配布	学習需要↑ 中学受験も
C.経済活性化 教材↑ 英語塾・英語学校↑		かえって後退か 教材↑ 英語塾・英語学校↓	教材もっと増える 塾・学校↑	塾行く必要なし	教材↑ 学校でやる=塾↑
	I.英語力↓ A.すべての小学校 英語必修化		英語力↑	英語力下がる	英語力↑
	B.英語嫌いの子↑ 英語×先生が指導 文法教える テスト	→ → →	英語好き↑ TT 文法教えない 口頭試験	英語嫌い↑ ネイティブだからよ いとは限らない 担任英語×	英語好き↑ 英語の重要性理解 自然に遊びながら学べる 担任は補助のみ
	C.英語力かえって↓ 英語嫌い↑ 変な発音		英語力↑ 上手な発音	英語力↓ 教科となる 変な発音	英語力↑ ネイティブ発音まねる 低下しない
	II.学力低下 A.英語2時間 =他教科↓ 自宅学習他教科↓		低下しない 総合学習時間使う	低下する	英語力↑
	B.他教科学力↓	→	他教科時間減らない	他教科家庭学習時間↓	他教科関係ない
	C.英語より大切 国語、算数	→	英語も大事	国語、算数もっと大切	英語も大事
				デメリット>メリット 英語力↓ 景気→ 学力↓(重要)	メリット>デメリット 英語力↑ 経済効果あり 英語力下がらない 英語の学力↑

(反駁スピーチにおいても反論をおこなえる形式)

肯定側立論	3分
否定側からの質疑応答	3分
否定側立論	3分
肯定側からの質疑応答	3分
準備時間	1分
否定側反論	2分
肯定側反論	2分
準備時間	1分
否定側反駁	2分
肯定側反駁	2分
判定のための時間	2分
判定の発表と講評	6分
計	30分

　ディベートをおこなう授業のひとつ前の授業で、対戦する相手と自分たちの立場(肯定または否定)を抽選やじゃんけんで決めよう。

　実際にディベートをおこなうときには、①1試合ずつ教室の前で2チームがディベートをおこなって、他の学生が審判役を務める、または②机を四角になるように配置して、4チーム1組のグループをいくつか作り、1試合目に2チームがディベートをおこない、その他の2チームが審判をおこなう、2試合目にディベーターと審判の役割を入れ替える、といった方法が考えられる。

課題8

ディベート活動を省察してみよう。ディベートに対する考えかたが変わったか、自分のどんなことに新たに気づいたか、ディベートを通して何を学んだかなどについて、話し合ってみよう。

参考

1｜進行形式

・タイプA

1チーム3〜6名で構成。立論、第1反駁、第2反駁は各1名が担当。質疑応答は、4名以上の場合は、残りのメンバーが担当する。3名の場合は、その人たちが担当する。反駁は否定側からはじまるのに注意すること。この形式における反駁スピーチにおいては、反論もおこなうことができる。

肯定側立論	4分
準備時間	1分
質疑応答（否定→肯定）	2分
否定側立論	4分
準備時間	1分
質疑応答（肯定→否定）	2分
準備時間	1分
否定側第1反駁	3分
準備時間	1分
肯定側第1反駁	3分
準備時間	1分
否定側第2反駁	3分
準備時間	1分
肯定側第2反駁	3分
計	30分

・タイプB

1チーム4〜6名で構成。立論、反論、反駁、結論は各1名が担当。質疑応答は、5名以上の場合は、残りのメンバーが担当する。4名の場合は、全員が担当する。

肯定側立論	4分
否定側質疑（肯定側応答）	3分

否定側立論	4分
肯定側質疑（否定側応答）	3分
準備時間	1分
否定側反論	3分
準備時間	1分
肯定側反論	3分
準備時間	1分
否定側反駁	3分
準備時間	1分
肯定側反駁	3分
準備時間	1分
否定側結論	3分
準備時間	1分
肯定側結論	3分
計	38分

2｜論題

○○の部分には自分たちの地域を入れること。

わが大学は校名を変更すべきである
わが大学は敷地内における喫煙をすべて禁止すべきである
わが大学は外国語を選択科目にすべきである
わが大学は男女共学に変更すべきである（現在、女子大学の場合）
○○市は屋外に自動販売機を設置することを禁止すべきである
○○市は近隣市町村との合併を推進すべきである
○○市はサッカーチームを誘致すべきである
○○市は成人式の行事を廃止すべきである
○○県は県知事の多選を禁止すべきである
○○県は県立高校の校長に民間人をより多く登用すべきである
○○県は外国籍のALTの数を倍増すべきである
日本は英語を第二公用語に指定すべきである
日本は首都機能を岐阜県に移転すべきである
日本は都道府県知事の多選を禁止すべきである

日本は死刑制度を廃止すべきである
日本は首相公選制を導入すべきである

3 | フィードバック用紙

ディベート・フィードバック用紙

評価者：	作成日：
肯定側：	否定側：

おもな論点	
肯定側	否定側

判定：[　肯定側　／　否定側　]の勝利とする。

よかった点・改善すべき点	
肯定側	否定側

判定理由

Chapter
4

― 読む
― 書く
― プレゼン
■― ディベート

- ブックガイド
・安藤香織・田所真生子編 (2002)『実践! アカデミック・ディベート』ナカニシヤ出版.
・西部直樹 (2009)『はじめてのディベート』あさ出版.
・松本茂 (1996)『頭を鍛えるディベート入門』講談社ブルーバックス.
・松本茂 (2006)「第6章 クリティカルにディベートする」『クリティカル・シンキングと教育』鈴木健他編, 世界思想社.
・松本茂・鈴木健・青沼智 (2009)『英語ディベート 理論と実践』玉川大学出版部.

松本 茂
まつもと・しげる

・第3～4章担当

東京国際大学教授（コミュニケーション教育学専攻）、立教大学名誉教授。青山学院大学経営学部卒業、マサチューセッツ大学大学院修士課程修了、九州大学大学院比較社会文化研究科博士課程単位取得。マサチューセッツ大学ディベート・コーチ、東海大学教授、立教大学教授などを経て2021年度より現職。日本ディベート協会理事、全国高校英語ディベート連盟副理事長なども務めている。おもな著書に『頭を鍛えるディベート入門』（講談社ブルーバックス）、『英語ディベート 理論と実践』（共著、玉川大学出版部）、『英速読速聴・英単語Opinion 1100 ver.2』（監修・共著、Z会）など。

河野哲也
こうの・てつや

・第1～2章担当

立教大学教授（哲学・倫理学専攻）。慶應義塾大学文学部卒業、同大学大学院文学研究科修士課程修了、同大学院後期博士課程修了。博士（哲学）。防衛大学校助教授、玉川大学准教授などを経て、2008年より現職。おもな著書に『レポート・論文の書き方入門』（慶應義塾大学出版会）、『「こども哲学」で対話力と思考力を育てる』（河出ブックス）など、訳書に『探求の共同体──考えるための教室』（M. リップマン著、監訳）、『中学生からの対話する哲学教室』（S. ケイ／P. トムソン著、監訳、いずれも玉川大学出版部）、『大学で学ぶ議論の技法』（T. W. クルーシアス／C. E. チャンネル著、共訳、慶應義塾大学出版会）など。

大学生のための
「読む・書く・プレゼン・ディベート」
の方法
改訂第二版

2007年3月25日　初版第1刷発行
2015年3月25日　改訂第二版第1刷発行
2023年1月31日　改訂第二版第10刷発行

著者　　松本　茂
　　　　河野哲也

発行者　小原芳明
発行所　玉川大学出版部
　　　　〒194-8610　東京都町田市玉川学園6-1-1
　　　　TEL 042-739-8935　FAX 042-739-8940
　　　　http://www.tamagawa.jp/up/
　　　　振替 00180-7-26665

印刷・製本　株式会社クイックス
デザイン　　しまうまデザイン

乱丁・落丁本はお取り替えいたします。
© Shigeru MATSUMOTO, Tetsuya KONO 2015　Printed in Japan
ISBN978-4-472-40513-6 C1081 / NDC002